生成AIで進化する理科教育

導入から実践までの完全ガイド

中村 大輝 編著

東洋館出版社

はじめに

　本書は、生成 AI を活用した新しい理科教育のあり方を構想する挑戦的な書籍です。生成 AI とは、使用者の指示に基づいて様々なデータを作り出す人工知能の一種であり、その性能の高さから数年で急速な広まりを見せています。学習者が生成 AI に触れる機会が拡大しつつある現在、教育における適切な活用法を検討することは喫緊の課題です。生成 AI が人間の仕事を奪うのではないかといった脅威論がある一方で、私たちの生活を豊かにしてくれるという期待もあります。教育においては、学校の業務改善のみならず、授業の質の向上に貢献する可能性があります。実際、先行して導入を行っている文部科学省のリーディング DX スクール生成 AI パイロット校では、効果を実感したという声が上がっています。私たちは生成 AI のリスクを正しく認識しながら、授業でどのように活用するかを考えていく必要があるのではないでしょうか。

　理科教育における生成 AI の活用をテーマにした書籍は本書が初めてとなります。これまで、ChatGPT をはじめとする生成 AI を教育に活用する書籍は複数出版されてきましたが、ツールとしての使用方法の解説に重きが置かれており、それらが教科の目標の達成にどのように貢献するかはあまり示されてきませんでした。これに対して本書では、生成 AI をどのように活用することが理科という教科の目標の達成につながるかを具体的な実践事例とともに紹介しています。また、生成 AI を教室に導入するための手立てを丁寧に解説することで、読者のみなさんが学校現場で実践する際に役立てられるよう工夫しています。本書が生成 AI を活用した新しい理科教育について議論する契機となるとともに、その活用に興味のある先生方の参考になることを願っています。

2024 年 7 月　**中村 大輝**

序章

1 生成 AI にできること

　本書の内容に入る前に、生成 AI に関する基礎的な事項を確認していきましょう。生成 AI は、使用者の指示に基づいて様々なデータを作り出すことのできるツールです。例えば、旅先と日程を入力すれば旅行プランを提案してくれたり、作りたいゲームを説明すればプログラムのコードを考えてくれたりします。下の画像は、生成 AI に「月でウサギが理科の授業をしているイラストを作成して」という指示を与えて作らせた画像です。実際、このような状況のイラストは Web 上に 1 枚も存在しませんが、生成 AI は過去の膨大なデータを学習して新しい画像を生み出すことに成功しています。指示を変えればより質の高い画像を作成したり、音楽や動画を作り出したりすることもできます。生成 AI は専門的な知識なしに、言葉による指示だけで様々なものを作り出すことができるのです。

　生成 AI によって作成されたコンテンツは、もはや人間が作成したものと見分けがつかない領域に達しています。例えば、2023 年の第 170 回芥川賞

図 1：月で理科の授業をするウサギ（Microsoft Designer で作成）

を受賞した九段理江さんは、受賞作である「東京都同情塔」の約5%に生成AIの文章をそのまま使用したことを告白しています。この作品の中には生成AIが登場し、社会における生成AIの広まりを予感させる内容となっていました。また、2023年にSONYが主催した写真コンテスト（SWPA 2023）では、生成AIが作成した画像がクリエイティブ部門の最優秀賞を受賞するという事件が起きました。このように、生成AIの作成するコンテンツはプロでも見分けがつかないほどの高いクオリティに到達しています。

生成AIの一番の魅力は、何といっても対応するタスクの幅広さにあります。現在の生成AIは計算問題や高度な推論問題を人間の専門家に匹敵する精度で解くことができます。例えば、「東京タワーから1kgの鉄球を落下させたとき、地上に到達するときの速度はどれくらいになりますか？」と問えば、以下のように推論して正しい答えに到達しています。

落下速度に関する回答（ChatGPT-4o）

東京タワーの高さは約333メートルです。この高さから鉄球を落下させたときの地上に到達する速度を計算するには、自由落下の公式を使います。空気抵抗を無視して計算します。

自由落下の公式は次の通りです：
$$v = \sqrt{2gh}$$
ここで、

- v は最終速度（地上に到達する速度）、
- g は重力加速度（約9.8 m/s^2）、
- h は高さ（333メートル）。

これを計算してみましょう。

$$v = \sqrt{2 \times 9.8\,\mathrm{m/s^2} \times 333\,\mathrm{m}}$$

計算すると：

$$v = \sqrt{6517.2} \approx 80.7\,\mathrm{m/s}$$

したがって、東京タワーから1kgの鉄球を落下させた場合、地上に到達する速度は約80.7 m/sになります。

2 生成AIの仕組み

このような驚異的性能を持つ生成AIはどのようにして作られたのでしょ

うか。読者の中には生成 AI を自身で作ってみたいという方もいらっしゃるかもしれませんので、その概要を紹介します。

　生成 AI を作成するために用意するものは、①大量のデータ、②複雑なモデル、③高性能な計算機の３つです。①大量のデータには、これまで人類が蓄積してきた Web 上の大量のデータが使用されます。一例として、GPT-3 と呼ばれる生成 AI の大規模言語モデル（LLM）では、Wikipedia などのテキストデータを大量に用意し（45TB に相当）、それを AI に学習させました。②複雑なモデルには、トランスフォーマー（Transformer）と呼ばれる非常に複雑な数理モデルを用意することで、多様な言葉の結び付きや出現確率を表現できるようになります。このモデルの複雑さを表すパラメータの数は GPT-3 の例で 1750 億個ありました。みなさんが中学校の数学で習った $y=a+bx$ という一次関数のパラメータは a と b の２個ですから、生成 AI に使用されるモデルがいかに複雑なものであるかが想像できるのではないでしょうか。③高性能な計算機には、これだけ複雑なモデルを扱うことのできるスーパーコンピューターを用意する必要があります。ここまで読めば、ご家庭で生成 AI を作るということがほぼ不可能な作業であるということが分かってくるかと思います。仮にそのような計算機を用意できたとしても、大量のデータのパターンからパラメータを調整する機械学習の計算には、GPT3 の例で１回あたり 460 万ドル（約 7 億円）かかるといわれています。これら３つのリソースが多ければ多いほど高性能な生成 AI が作成できることが分かっており（Kaplan et al., 2020）、現在の生成 AI 開発にはさらに多額の予算が投じられています。私たちは生成 AI を作成するよりも、よりよい活用法を考えた方が賢明でしょう。

　生成 AI が内部で行っている処理は、簡単にいえば「次の単語を予測する」という処理の繰り返しです。例えば、「雨の日に服が…」という文が与えられた場合、続く単語として何が来るかが、「濡れる（83％）」「汚れる（12％）」「きれい（1％）」のように確率的に予測されます。そして、この確率に従って単語を返します。続いて、「雨の日に服が濡れる…」という文に続く単語を検討して、「～と悲しい（60％）」「～と嬉しい（5％）」のように確率的に予測されます。このように、与えられた文章に続く単語を予測することを繰

り返すことで、もっともらしい文章を作成するというのが生成 AI の仕組みです。生成 AI に質問すると、答えが一度にすべて表示されるのではなく、少しずつ回答が表示されるのは、このような次の単語の予測を繰り返しながら文章を作成しているためです。また、確率によって回答が決まることから、同じ質問をしても必ず同じ回答が返ってくるとは限りません。

3 生成 AI の使用に関する 3 つの原則

生成 AI を使用する上で私たちが注意しなくてはいけない原則が 3 つあります。

原則 1「誤った回答に騙されない」

生成 AI はこれまでの大量のデータに基づき、もっともらしい答えを回答するツールですので、誤った回答をすることがあります。人間が嘘をつくときは使用する言葉が曖昧であったり自信がなさげであったりとほころびが見えますが、生成 AI はもっともらしい回答を出すことに最適化されているので、誤った回答も自信を持ってもっともらしく示してきます。このような生成 AI の見せかけの誤った回答はハルシネーション（hallucination：幻覚の意）と呼ばれます。生成 AI の誤った回答に騙されないよう、常に複数の情報源で検証を行うことや、批判的思考が必要となります。

原則 2「使用上のルールを設定する」

生成 AI の開発が急激に進む一方で、様々な社会問題を引き起こす可能性やリスクが指摘されています。そのため、世界中で生成 AI の開発や利用に関するルール作りが進んでいます。一例として、2023 年 5 月に開催された G7 広島サミットでは、生成 AI に関する国際的なルールの検討を行うために「広島 AI プロセス」が提案されました。教育の分野では、2024 年 12 月に「初等中等教育段階における生成 AI の利活用に関するガイドライン（Ver.2.0）」を公表しており（文部科学省，2024）、生成 AI の利用に関するルール作りが進んでいます。これらのルールを遵守しながら、適切な使用法を検討してく必要があるでしょう。

原則3「人間の役割を自覚する」

　生成AIはあくまでもツールであり、それを使いこなすのは人間の役割です。生成AIに意識や自我はないため、人間が責任を持って使用していく必要があります。マイクロソフトは自社で作成した生成AIにCopilotという名前を付けていますが、日本語に訳せば「副操縦士」という意味です。これには、生成AIはあくまでも副操縦士であり、メインとなる操縦士は人間自身であるという意味が込められているそうです。このように、生成AIは人間の代わりになるものではなく、人間が使いこなすツールであるということを自覚する必要があります。

4 本書の構成

　以上の生成AIの基礎的な特徴を踏まえて、本書は次のような内容で構成されています。第1章では、生成AIの登場が理科教育にどのような変革をもたらすかを多面的に検討しています。第2章では、生成AIを教室へ導入する初めの一歩として、どのような準備や指導が必要かを解説しています。第3章では、生成AIを取り入れた理科授業の実践を紹介しています。具体的には、小学校から大学まで理科の様々な場面で、生成AIをどのように活用することが有効であるかを検討した全国の先生方による13個の事例が掲載されています。第4章では本書のまとめとして、生成AI時代の理科教育の展望について考察されています。どの章から読んでも理解いただけるよう構成していますので、ぜひ興味のあるページからご覧ください。なお、本書の一部には生成AIによって作成された出力（文章・画像）が含まれますが、掲載にあたっては、使用した生成AIを明記することで人間が作成した部分と区別できるよう配慮しています。

もくじ

- はじめに 1

序章 ... 2

第1章 生成AIがもたらす理科教育の変革 ... 9

- 第1節 生成AI×理科教育が生み出す新たな可能性 10
- 第2節 生成AIを活用して理科の資質・能力を育成する 17
- 第3節 理科学習における生成AIの役割 22

第2章 生成AIを教室へ導入する第一歩 ... 25

- 第1節 生成AIを導入する準備 26
- 第2節 生成AIの使用ルールを決めよう 29
- 第3節 どんな機能があるか体験してみよう 31
- 第4節 生成AIの性質を考えよう 35

Colum 理科学習における直接体験の重要性 38

第3章 生成AIを取り入れた理科授業 ... 39

- 第1節 比較を通して問題を見いだす 40
- 第2節 変数を整理して仮説を設定する 46
- 第3節 実験計画が適切か評価する 52
- 第4節 観察の質を高める 58
- 第5節 結果を可視化する 64
- 第6節 考察の妥当性を高める 70

- 第⑦節　生成AIによるフィードバックを活用する　76
- 第⑧節　理解度を評価する　82
- 第⑨節　批判的思考を働かせる　88
- 第⑩節　主体的に学習に取り組む　94
- 第⑪節　対話を通して学習を深める　100
- 第⑫節　学習意欲を高める　106
- 第⑬節　新たな課題を設定する　112

第4章　生成AI時代の理科教育―未来への展望　117

- 第①節　生成AIの発展と理科教育への影響　118
- 第②節　教師の専門性開発　120
- 第③節　AIリテラシーの育成　122
- 第④節　生成AI時代における理科教育のあり方　125

● おわりに　129

[付録]
参考・引用文献リスト　131
生成AIサービス一覧　135
生成AI用語集　139

第1章 生成AIがもたらす理科教育の変革

第1節 生成AI×理科教育が生み出す新たな可能性

■1 生成AIの登場と教育への影響

　2022年11月にOpenAI社によってChatGPTという生成AIが公開されると、その利用者は2か月で1億人に達し、2024年2月には月間利用数が16億回を超えました。その他にもGoogleのGeminiやMicrosoftのCopilotなど、様々な生成AIが開発され急速な広まりを見せています。生成AIの利用は大人だけでなく子供の間にも広がっているようです。日本財団が2023年8月に実施した18歳意識調査では、全国の17歳〜19歳1000名のうち、生成AIについて「知っていて、使ったことがある」と回答した人の割合は36.1％でした。また、夏休みの課題・宿題で「活用した・活用予定」と回答した人の割合は10.4％でした（日本財団，2023）。読書感想文を生成AIに書かせる子供の問題が新聞記事になったことも記憶に新しいのではないでしょうか。宿題に生成AIが使用されている可能性は世界中で指摘されています（Mogavi et al., 2024）。筆者自身も大学生が提出したレポートの中に、生成AIの出力と思われる記述を見つける機会が増えてきています。生成AIの普及によって、**従来の教育では"通用しない"部分**が現れてきているのです。

　教育における生成AIの影響は何よりも学習者自身が感じています。先ほどの18歳意識調査においては、生成AIの登場によって学ぶ必要性が下がった教科として、全体の17.3％が国語を、16.4％が数学を、9.9％が物理を、7.8％が化学を挙げています。また、生成AIの登場によって、学校や先生の役割は変わると考えている学習者が一定数存在します（図1）。例えば、28.8％の人が「学校では今よりも「考える力」を育む役割が求められる」と回答しています。これらの結果からも、**生成AIの登場によって教育に変革が求められている**ことが分かります。

　2023年以降、教育における生成AIの影響力を懸念して、各国の政府は教

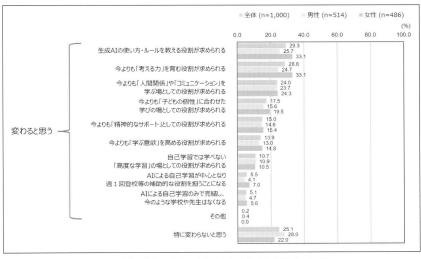

図1：学校や先生の役割は変わると思うか（日本財団，2023）

育における生成AIの位置付けに関する政策文書を作成し始めました。米国では2023年に「人工知能と教授学習の未来（原文：Artificial Intelligence and Future of Teaching and Learning）」と題した報告書が発表されました。英国やEUでも2023年に政策文書が発表されています。また、ユネスコでは教師に向けた生成AIのクイックスタートガイドを作成しています（Sabzalieva & Valentin, 2023）。日本でも2023年7月に文部科学省が「初等中等教育段階における生成AIの利用に関する暫定的なガイドライン」を公表しています（文部科学省，2023）。これらの文書に共通している点は、生成AIを完全に禁止するのではなく、リスクを減らすための使用上のルールを設定しつつも、**有効な活用法を検討していく方向性**が示されている点にあります。生成AIを未知のものとして恐れて忌避するのではなく、教育の質を向上させ得るものとして適切に取り入れていくことが世界の潮流となっています。PC端末が学習者にとって当たり前の学習環境となったように、生成AIも当たり前の学習環境となる日はそう遠くない未来に迫っています。このような状況の中で、私たちは生成AIの登場が教育へどのような影響を及ぼすのかを考えていかねばなりません。

2 生成 AI は教師の代わりになるのか

　様々なタスクで高いパフォーマンスを発揮している生成 AI は、教師の代わりになる存在なのでしょうか。生成 AI は教師と同じような知識を持っているといえるのでしょうか。教師の持つ知識の種類を分類したリー・ショーマンによれば、代表的な知識は「教育内容の知識（Content Knowledge）」「教育方法の知識（Pedagogical Knowledge）」「教授学的内容知識（Pedagogical Content Knowledge）」の３つがあるとされています（Shulman, 1986）。これら３つの知識を生成 AI は持ち合わせているのか検討していきましょう。

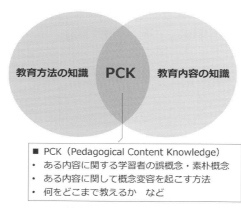

図２：教師の持つ３種類の知識（筆者作成）

　１つ目の「**教育内容の知識**」とは、ある分野の内容・方法・認識論に関する知識であり、理科であれば自然科学の内容や科学の方法、科学の性質に関する知識が該当します。生成 AI は各領域の内容理解度を測るテストにおいて高い成績を収めています。例えば、物理の力学分野の理解度を測るテストとして有名な FCI（Force Concept Inventory）では、日本の高校卒業時の正答率が 50〜60％程度であるのに対して（右近, 2016）、生成 AI の正答率は 80〜90％程度であることが示されています（Kieser et al., 2023; West, 2023）。また、単純な知識や概念理解の問題だけでなく、現実場面の高度な思考が求められる問題にも正答することが示されています。例えば、OECD

の実施する国際調査であるPISAの問題を生成AIに解かせると、図3のような結果が示されました（OECD, 2023）。図3の棒グラフは読解・数学・科学の3領域における生徒の正答率、古い生成AIの正答率、新しい生成AIの正答率を表しています。一番右の科学（Science）の正答率を見ると、世界中の生徒の正答率が53%程度であるのに対して、生成AIの正答率はそれを大幅に超えています。このように、生成AIは知識を持つだけでなく、それらを様々な場面で応用する力も示しています。

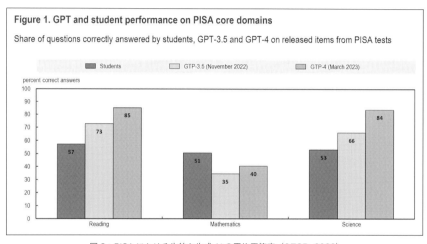

図3：PISAにおける生徒と生成AIの平均正答率（OECD, 2023）

次に「**教育方法の知識**」と「**教授学的内容知識**」についてです。前者は上手な教え方、カリキュラム、教育評価といった特定の教科内容によらない教育の一般的な知識を指します。これに対して、後者はある内容に関する学習者の誤概念・素朴概念、そしてそれらに関する概念変容を引き起こす方法に関する知識を指します。では、生成AIはこのような特定の内容の指導に関する知識を持ち合わせているのでしょうか。例として、次の図4を示して、生成AIに「あなたは理科の教師です。添付の図を描いた小学生Aは電流に関してどのような誤概念を持っているか教えてください。また、その誤概念を修正する方法について考えてください」と指示してみました。図4は小学

生が電流に関して保持している典型的な誤概念の一つであり、乾電池の両極からプラスとマイナスの電気が流れて豆電球で衝突することで明かりが点くという考えです。

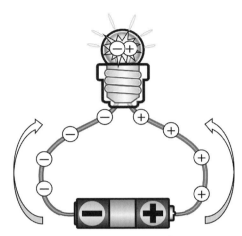

図4：電流に関する誤概念を表す図

　質問に対して、生成 AI は次のような回答を返してきました。この回答では、図4を描いた小学生の保持する誤概念を理解し、それを修正する方法を提案することができています。しかし、その提案内容には、小学生の発達段階を十分に考慮できていない部分も含まれています。

🧠 生成 AI が小学生 A の誤概念を指摘している様子（ChatGPT-4o）

小学生 A が描いた図を見てみると、いくつかの誤概念が見られます。

誤概念
1. 電流の流れの方向に関する誤解：
    ○ 図では、正の電荷（＋）と負の電荷（－）が同じ回路内で同時に流れているように描かれていますが、実際には電流の流れは一方向です。電流は正から負へと流れます。

> 2. 電荷の流れに関する誤解：
>   ○電池の正極から出てくるのが正の電荷で、負極から出てくるのが負の電荷であると描かれていますが、実際には電流（電子の流れ）は負極から正極へと流れます。
>
> **誤概念を修正する方法**
> 1. 電流の流れの方向の説明：
>   ○電流が回路を通る際の一方向性を強調します。実験を通じて、電流が常に同じ方向に流れることを確認させます。
> 2. 電荷の流れの実際の説明：
>   ○電子の動きを強調し、実際には負極から正極に向かって電子が移動することを説明します。導電性の素材を用いた実験で、電流の流れを可視化する方法も有効です。
> 3. 視覚化の活用：
>   ○正しい電流の流れを示すアニメーションや図を用いることで、子供たちに視覚的に正しい理解を促します。特に、電子の動きを強調するアニメーションは効果的です。

　以上のように、生成 AI は教師の持つ 3 種類の知識をある程度保持していることが示されています。しかしながら、生成 AI は誤った回答を示すリスクがあることに加え（原則 1）、教育で何を目指していくかという意思や教育観を持ち合わせていません。生成 AI はあくまでもツールであり、それを使いこなすのが人間の役割でした（原則 3）。私たちは生成 AI が教師に相当する知識を持つことを認めつつも、教師にとって代わる存在ではなく、**教育において有効に活用するべきツールである**という位置付けを再確認する必要があります。

3 生成 AI 時代の新しい理科教育

　ここまで、生成 AI は教師にとって代わる存在ではないが、教育への影響は計り知れないものがあり、生成 AI を有効に活用した教育のあり方を模索していく必要があるということを示してきました。では、生成 AI 時代の理科教育はどのように展開されるべきでしょうか。
　生成 AI 時代においても理科教育の本質は大きく変わらないと筆者自身は考えています。理科教育の本質は、学習者が主体的に自然事象に関わり、科学の方法を通して探究する中で、様々な資質・能力を身に付けることにあり

ます。この本質の重要性はこれからも大きくは変わらないでしょう。その一方で、生成 AI の登場は自然事象への関わり方や探究の方法に影響を及ぼします。実際、現在の自然科学では AI を活用した研究が始まっており、AI を使用した科学的探究という新しい研究方法が誕生しています（e.g., Vasylenko et al., 2021）。理科教育においても、生成 AI は探究を深める一つのツールとして積極的に取り入れていくことが期待されます。また、理科教育の目標を達成するために、学習者を支援するツールとして活用することも考えられます。これまでの先行研究では、生成 AI が学習者の実験計画にフィードバックを返したり（Kipp et al., 2024）、批判的思考を促したり（Babalola et al., 2024; Guo & Lee, 2023）、学習者のメタ認知や自己調整を促進し（Ng et al., 2024）、理科の学習を深めることに貢献することが示されています。教師でも友人でもない第三の存在として、生成 AI との対話を行うことには新しい教育的価値が存在するかもしれません。

　生成 AI の登場は、反対に人間にしかできない学びが何であるかを問い直すことにもつながっています。生成 AI は身体を持たないため、理科で重要な物理的な世界と相互作用しながら学びを深めるということができません（Blackie & Luckett, 2024; Tang & Cooper, 2024）。五感を通して得られた情報や経験を関連付けながら学ぶということは人間にしかできないアプローチであると考えられます。

　生成 AI 時代の新しい理科教育においては、理科教育の目標を達成するためにテクノロジーのどのような活用法が有効であるかを検討していくとともに、従来の教育活動が持つ価値についても改めて検討していく必要があるのではないでしょうか。

第2節 生成AIを活用して理科の資質・能力を育成する

　現行の学習指導要領では理科の資質・能力を「知識及び技能」「思考力、判断力、表現力等」「学びに向かう力、人間性等」の3つの柱で整理しています。前節でも示した通り、生成AIの登場はこれらの資質・能力の中身について再考する機会を与えてくれます。ここでは、生成AI時代における理科の資質・能力を再考した上で、それらを育成する生成AIの活用法について検討していきます。

❶ 知識及び技能を習得する活用法

　理科における「知識及び技能」とは、自然の事物・現象についての知識や、観察・実験などの活動における技能を指します。生成AIが登場したことで、科学の知識をより簡単に分かりやすく教えてもらうことが可能になりました。例えば、「光合成の仕組みについて小学生にも分かるように説明して」と入力すれば、以下のように簡単で分かりやすい説明が返ってきます。

生成AIによる光合成の仕組みについての説明（Claude 3.5 Sonnet）

> 植物は太陽の光エネルギーを使って、空気中の二酸化炭素と土から吸収した水を組み合わせて、自分の体を作る材料となる糖（おやつのような甘い物質）を作り出しています。このようにして作られた糖は、植物が成長するための大切なエネルギー源になるのです。
> この過程が「光合成」と呼ばれる仕組みです。光合成は主に植物の葉の中の緑色の部分（葉緑体）で行われています。
>
> 太陽の光 ＋ 二酸化炭素 ＋ 水 → 糖 ＋ 酸素
>
> このように、光合成では太陽の光エネルギー、二酸化炭素、水を使って糖と酸素ができるのです。植物は作った糖をエネルギー源にして成長し、余った酸素は外に出して私たちが呼吸に使えるようになっているのです。

このように表面的な知識については分かりやすい回答を示す一方で、生成AIはそれらの知識がなぜ正しいといえるのかの認識を持ち合わせていません。生成AIはあくまでも過去のデータのパターンからもっともらしい回答を作り出しているだけなので、そもそものデータがなぜ正しいといえるのかについては説明できないのです。理科においては、観察・実験などの活動を通して何が正しいといえるのかを検証していきます。科学が知識を生み出す方法を理解するためには、理科の問題解決や探究の過程を通して**知識がどのように正当化されるのか**を学ぶことが重要になります。また、その過程で自然の事物・現象と相互作用しながら五感を通して得た情報や経験を知識と結び付けていく必要があります。

　科学の知識を構成する過程では、観察・実験の基本的な技能が必要になるわけですが、これもまた生成AIに尋ねるだけでは習得できないものです。例えば、顕微鏡の使い方を生成AIに尋ねて手順を覚えたとしても、実際に観察に使用することができなければ意味がありません。やはり、生成AI時代においても観察・実験を実際に行うことは欠かせません。

　以上の学習は生成AIに尋ねるだけでは達成できない一方で、生成AIはこれらの学習を支援することが可能だとも考えられます。例えば、習得した知識が日常生活のどのような事象と関連しているかを生成AIに尋ねることで、知識を様々な場面に適用し理解を深めるきっかけを与えてくれます。また、観察した植物の写真と自身のスケッチを生成AIに与えて比較させ、よく表せている部分と表せていない部分を尋ねれば、スケッチの技能を向上させる視点を与えてくれます（第3章第4節を参照）。このように、**生成AIの支援を受けながら学習者が主体的に問題解決や探究に取り組む**ことで、理科の知識や技能をより効果的に習得させることができると考えられます。

2 思考力、判断力、表現力等を育成する活用法

　理科における「思考力、判断力、表現力等」とは、問題解決や探究の過程で科学的に思考・判断し、それらを表現する力を指します。具体的には、問題を見いだし、仮説を設定し、検証計画を立案し、観察・実験から得られた

データを分析・解釈し、考察を行うといった過程で必要となる諸能力がここに含まれます。生成 AI の登場によって、AI と対話しながら思考するという新しい研究方法が誕生しており、理科教育においても適切に活用すれば科学的思考を深めることができるのではないかと期待されています。

例えば、仮説設定の場面では、生成 AI が問題事象に関する変数、原因、結果、因果関係を順番に質問するように設定し、学習者がそれに答えることで、ステップバイステップで仮説を立てることを支援できます（第 3 章第 2 節を参照）。検証計画を立案する場面では、学習者が検証計画を生成 AI に入力し、条件制御が適切に行われているか、計画に問題点がないかを尋ねることで、計画を改善するためのフィードバックを得ることができます（第 3 章第 3 節を参照）。また、考察の場面では、考察の文章を生成 AI に入力し、主張・証拠・理由付けといった考察に必要な要素が含まれているかを尋ねることで、考察の質を高めるためのフィードバックを得ることができます（第 3 章第 6 節を参照）。これらの活用法に共通しているのは、**科学的に思考・判断・表現する主体は学習者である**ということです。学習者の代わりに生成 AI に考えさせていては、学習者の思考力、判断力、表現力等を育成することができません。学習者が科学的に考えることを促進するために生成 AI をどのように活用すればよいかを検討していく必要があります。

3 学びに向かう力、人間性等を涵養する活用法

理科における「学びに向かう力、人間性等」とは、学習者が自然の事物・現象に進んで関わり、主体的に問題解決や探究に取り組もうとする態度、それらを通して涵養される自然に対する畏敬の念や感性などを指します。これらの特性を涵養するためには、メタ認知を働かせて自らの学習状況を把握し、より望ましい方向へと自己調整していくことが求められます。生成 AI が何でも教えてくれる時代になると、**なぜ人間が学びに向かう必要があるのか**ということがより問われることになります。生成 AI が何でも教えてくれるし、新しい知識も学習して賢くなり続けるのだから、人間が学習する必要はなくなるというのは誤った考えです。これまでにも述べた通り、生成 AI

は意思を持たないため、自ら進んで何かを成し遂げようとすることはありません。生成 AI が教えてくれる時代であっても、学習者が自ら問いを見いだして生成 AI に尋ねなければ、そもそも回答は得られません。また、生成 AI は過去のデータからもっともらしい回答を返しているだけなので、新しい知識を生み出すことはできません。私たちは**生成 AI にはできない方法で自ら学びに向かい、新しい知識を生み出す方法を獲得していく必要がある**のです。

　人間が学びに向かい、自らの学習をより望ましい方向へと調整していく際、生成 AI は自己調整を促すチューターとして活用することができます（Ng et al., 2024）。例えば、仮説を設定する場面においては、自身の考えだけでなく、友人や生成 AI の立てた仮説を検討することで、自分の仮説の妥当性を見つめなおす機会を生み出し、メタ認知を促進することが期待できます。授業の振り返りの場面では、生成 AI と対話しながら何が達成できなかったのかを検討することで、次の授業に向けたフィードバックを得ることができます。また、学習につまずいた時は、どのように学習を進めればよいかの道標を示してくれます。例えば、生成 AI に「物理の電磁気の単元が難しくて勉強が嫌いになっています。どうしたらよいですか」と入力すると、右ページのような回答が返ってきます（ChatGPT-4o を使用）。このように、**生成 AI と対話しながら自らの学びを捉え直し自己調整を促す**ことで、「学びに向かう力、人間性等」の涵養につながると考えられます。

勉強が難しくて嫌いになっているという相談への返答（ChatGPT-4o）

> 電磁気学の勉強が難しく感じるのはよくあることです。いくつかの方法で理解を深め、勉強を楽しむことができるかもしれません。以下のアドバイスを参考にしてみてください。
>
> **1．基本概念の理解**
> 電磁気学は基本的な概念を理解することが重要です。以下の概念をしっかり理解するようにしましょう。
> ・クーロンの法則　・電場と磁場　・ガウスの法則
> ・ファラデーの法則　・アンペールの法則
> これらの基本法則が理解できると、応用問題も解きやすくなります。
>
> **2．ビジュアルツールの活用**
> 電磁気学の現象は視覚的に理解しやすいです。シミュレーションツールやアニメーションを利用して、視覚的に学習することが効果的です。以下のようなサイトやアプリを活用してみましょう。
> PhET Interactive Simulations（https://phet.colorado.edu/）
> MIT OpenCourseWare のビデオ講義（https://ocw.mit.edu/）
>
> **3．実験や実際の応用を体験**
> 実際に手を動かして実験を行うことで、理論がどのように現実に適用されるかを理解しやすくなります。可能であれば、以下のような簡単な実験を行ってみてください。
> ・磁石とコイルを使った電磁誘導の実験
> ・簡単な回路を組み立てて電場の効果を確認する
>
> **4．問題演習とフィードバック**
> 問題を解くことで理解を深めることができます。演習問題を多く解き、間違えた問題の解説をしっかり読みましょう。わからないところは先生や友人に質問することも大切です。
>
> **5．グループ学習**
> チームで学ぶことで、他の人の視点や理解の方法を学ぶことができます。友人と一緒に勉強会を開いて、互いに教え合うとよいでしょう。
>
> **6．リラックスと楽しむこと**
> 勉強に疲れたら、リラックスする時間を取りましょう。アイスクリームを食べながら休憩するのもいいですね（以前、アイスクリームが好きだと教えてくれましたね）。楽しい気持ちで学ぶことが、長続きする秘訣です。

第3節 理科学習における生成AIの役割

　理科の教室に生成AIが導入された場合、それはどのような位置付けの存在となるのでしょうか。教師と子供の両者の視点から生成AIの位置付けを整理し、理科学習における生成AIの役割を検討していきます。

1 教師にとっての生成AI

　教師にとっての生成AIは、自身の代わりに誤ったことも含めて何でも教えてしまう厄介者というネガティブな側面があります。その一方で、有効に活用すれば教師の仕事を効率化したり、授業の準備・実施、評価やフィードバックを手助けしたりしてくれる便利なツールという側面もあるかと思います。この便利な厄介者とどう付き合っていくかを教師は考えていく必要があります。

　理科においては、何が正しいかは観察・実験によって確かめられるので、仮に生成AIが教師の代わりに教えたとしても、授業においてそれらを確かめる必要性は残り続けます。よって、常に自ら検証する態度や複数のリソースを確認する習慣を身に付けさせれば、誤ったことを教えるというリスクにはある程度対処することができます。

　教師が仕事効率化のツールとして使用する場合も、その内容の正しさを教師が自らの責任をもって確認する必要があります。例えば、生成AIに単元名や教科書の該当ページの画像を与えれば、授業展開や実験の準備物、評価規準やテスト問題などを考えてくれます。学習者のレポートと評価規準を与えれば、それらを自動で評価してくれます。しかしながら、生成AIは内容の正しさや教育効果について責任をとってくれないので、教師は生成AIの出力を参考にしつつも、最終的には**自らの責任で授業づくりを行う必要が**あります。

　生成AIは有効に活用すれば、従来の教師の限界を超えた教育を展開する

こ␣とも可能です。明治時代以来、学校では1人の教師が複数の学習者に教えるというのが一般的でした。しかし生成AIが授業のアシスタントとして登場すると、教師の代わりに即時的なフィードバックを返したり、個別最適化された学びを提供したりすることが可能になります。従来であれば、子供の成果物を回収して教師がコメントして返すことを授業時間内に達成することは困難でしたが、生成AIに教師のコメントの観点やつまずきに応じたアドバイスの類型を学習させておけば、ある程度の達成が可能になります。このように、教師にとって生成AIは**従来の限界を超えるためのアシスタント**にもなり得るのです。

2 子供にとっての生成AI

　子供にとって生成AIは気兼ねなく質問できて何でも教えてくれる便利な存在です。友達に聞きにくいことや周りの大人にしつこく聞くと嫌がられることでも、生成AIは文句を言うことなく何でも答えてくれます。質問のために信頼関係を築く必要もなければ、質問によって信頼関係が崩れることもありません。このように何でも聞けるという**心理的安全性**が担保されていることによって、生成AIと対話しながら学ぶということが促進され、学習意欲や学力の向上に寄与します（Liang et al., 2023）。また、場所を問わず、学校でも家庭でもいつでもどこでも質問をすることができることは、学習機会を増やすことにつながります。自然の事物・現象に関して何か疑問を持ったとき、その情熱が冷めないうちにすぐに調べられるという環境が重要です。

　また、生成AIはそれぞれの子供の興味や特性に沿った回答を提供してくれるよき理解者にもなり得ます。何に興味があるか、自分はどのように学びたいかなどを伝えれば、**個別最適化された学び**を提供してもらえます。

　その一方で、生成AIは子供の学習機会を奪ったり未知のリスクにさらしたりする可能性のある存在でもあります。教師や周りの大人が生成AIの適切な活用法を示し、学習者が有効に活用できるよう環境を整えていく必要があるでしょう。

3 子供−教師−生成AIの関係性

　それでは、理科の教室において子供−教師−生成AIの関係性はどのようなものになるのでしょうか。かつて教師が知識や経験の権威であり、子供は白紙の状態であると考えられていた時代には、教師と子供は教える−教えられるの関係でした（図5左）。それに対して、現在では、教師の形成的評価や、子供同士の相互作用が重視され、教師と子供は共に教え合い学び合う関係へと変化してきています（図5中央）。ここに、生成AIのような教師よりも圧倒的に知識を持った存在が登場するとどうなるでしょうか。教室において教師も生徒も生成AIにアクセスすることが可能になり、教えることと学ぶことの両方の質の向上に寄与することが考えられます（図5右）。

図5：子供−教師−生成AIの関係性（Branson, 1990をもとに著者作成）

　生成AIはあくまでもツールであり、人間の代替になることはありません。また、自然科学においては実験・観察等を通して実証されることが重視されるため、生成AIが知識の絶対的な権威になることもありません。理科学習における生成AIの役割は、**教授学習過程の質を高める支援**にあると考えられます。

第2章 生成AIを教室へ導入する第一歩

第1節 生成AIを導入する準備

本節では、生成AIを教室へ導入する際にどのような準備が必要かを具体的に解説していきます。

1 教職員の打ち合わせ

生成AIを学校へ導入するためには、まずはじめに管理職や教職員の理解を得る必要があります。生成AIについての考え方はそれぞれ異なるので、トラブルを避けるためにも事前に打ち合わせを行い、お互いの認識を共有しておくことが重要です。その際、文部科学省のガイドラインや本書の内容を参考に、何のために生成AIを導入するのか、生成AIを使用することにはどのようなメリット・デメリットが存在するか、どのようなルールを設定する必要があるかなどを検討しておきましょう。

2 使用するサービスを決定する

生成AIサービスにはいろいろなものがあり、それぞれ機能や利用規約が異なります。教育での使用目的に応じて適切なサービスを選択することが重要です（巻末の生成AIサービス一覧も参照）。また、サービスによって年齢制限や使用条件が異なるため、利用規約を確認することも重要です。例えば、OpenAI社のChatGPTは13歳以上で使用可能であり、18歳未満の場合は保護者の同意が必要となっています。保護者の同意の下、小学生から使用できるサービスとしてはWrtn Technologies社のリートンなどがあります。いろいろなサービスがあるので、いきなり学習者に使わせるのではなく、まずは教師が体験してみることから始めるとよいでしょう。教師自身が生成AIについて学習し、使用方法に関するトレーニングを行うことも重要な準備の一つです。

3 保護者の同意を得る

　続いて、学校で生成 AI を使用することに関する保護者の許可を得る必要があります。多くの生成 AI サービスは子供の利用条件の一つとして、保護者の同意を挙げています。保護者の不安を解消するためにも、生成 AI の使用に関して丁寧な説明を行い、書面で同意を得ておくことが推奨されます。保護者の同意を得るための文書の例としては、次ページに記載する内容などが考えられます。保護者の同意を得た後も、定期的に意見や懸念を収集し、それをもとに計画を調整することも重要です。

4 アカウントを作成する

　生成 AI サービスの中には無料アカウントを作成しないと限定的な機能しか使えないことがあります。学校の情報担当者や自治体の担当者と確認をとり、アカウントを作成しておくとよいでしょう。その際、アカウントの作成に関する各サービスの規約をよく確認しておきましょう。

5 学習者のトレーニング

　学習者が生成 AI を使用するにあたっては、使用上のルールを確認した上で、次節以降の内容も参考にしながら、適切な使用方法に関するトレーニングを行うことが必要です。生成 AI にはどのような機能や性質があるのか、何に気を付けなければいけないのかを理解し、学習者が適切に使用できるように支援することが重要です。

保護者同意書の例

20xx 年 4 月 1 日

保護者の皆様へ

○○○○中学校

校長 田中 太郎

本校の学習活動における生徒による生成 AI 使用について

保護者の皆様におかれましては、日頃より本校の教育活動へご理解ご協力を賜り厚く御礼申し上げます。さて、本校では、生徒の各教科の学習のさらなる充実及び、情報活用能力を一層伸長することを目的とし、教育活動において生成 AI サービスを活用したいと考えております。保護者の皆様には下記をご覧いただき、生徒のより一層の学びの推進に向けてご同意いただきますよう、ご理解、ご協力の程よろしくお願いいたします。

1. 使用目的：各教科の学習活動の充実、情報活用能力の育成
2. 使用期間：20xx 年 5 月 1 日～20xx 年 3 月 31 日
3. 使用学年・学級・場所：第 2 学年・学校での使用を基本とする
4. 使用教科・範囲：各教科の学習、総合的な学習の時間
5. 使用するサービス：OpenAI 社の ChatGPT を使用
6. 運用方法
   - 学校で用意したアカウントを使用
   - パスワードは学校で管理
   - 文部科学省のガイドラインに準じて運用
7. 生徒への指導事項
   - 個人情報を入力しないなどの事前指導を実施
8. その他の留意点

第2節 生成AIの使用ルールを決めよう

　教職員と保護者の許可が得られてアカウントの準備が整ったら、学習者と一緒に生成AIを使用する際のルールを決める必要があります。どのようなルールが必要であるかは発達段階によっても変わってきますが、次のような項目が考えられます。

---

1. 個人情報やプライバシーに関する情報は入力しない
　（あなただけの大切な情報は入力しません）
2. 著作権を侵害しないよう心がける
　（他の人が作ったものと似ていないか注意します）
3. 生成AIを利用した場合はそのことを明記する
　（自分で書いたふりをしません）
4. 誤った情報が含まれていないか注意深く検討する
　（間違いがないかよく確かめます）
5. 間違った目的のために使用しない
　（人が傷つくような使い方はしません）
6. 使用する時間と場所を守る
　（大人がいないところでは使いません）
7. 生成AIを活用しながら自分自身で考える
　（自分でよく考えます）

　項目1～3は**個人情報保護及び著作権保護**に関する項目です。生成AIに入力された情報はサービスの運営会社によって収集・利用される場合があるため、個人情報を入力しないことは重要です。生成AIの出力であっても、既存の著作物との類似性（創作的表現が同一又は類似であること）及び依拠性（既存の著作物をもとに創作したこと）がある場合は著作権侵害となり得ます（文部科学省，2023）。したがって、「○○のロゴに似ているロゴを作成

してください」「〇〇のキャラクターのイラストを描いてください」といった指示は不適切です。また、生成 AI を利用した場合は、そのことを明記することが重要であり、自分で書いたかのように使用することは問題となります。

　項目 4 は**情報の正確性**に関する項目です。生成 AI の回答には誤りが含まれる場合があるため、常に正確性を批判的に検討し、複数の情報源において確かめる必要があります。生成 AI の中には RAG（Retrieval-Augmented Generation）と呼ばれる技術を用いてウェブ上の根拠となる資料へのリンクを示すものがあり（Google の Gemini、Microsoft の Copilot など）、資料をたどって内容の正確性を判断することができます。

　項目 5〜6 は**使用上のリスクを低減させるための工夫**に関する項目です。誤った使い方をしないように事前指導を行うとともに、使用する範囲を限定することで適切な利用を促すことが重要です。例えば、読書感想文を生成 AI に書かせて提出させることや、宿題を代わりに行わせることなどは誤った使い方の一例です。

　最後の項目 7 は、**人間の役割**に関する項目です。生成 AI はあくまでもツールであり、それを使いこなして主体的に考えることが人間の役割です。生成 AI に考えることをすべて任せてしまっては、自分で考える機会が奪われてしまいます。このような生成 AI と人間の役割を明確にしておくことも重要だと考えられます。

　これらの項目はあくまでも例にすぎず、それぞれの発達段階や学校の実態に応じてルールを検討していく必要があります。また、各項目について子供と一緒に話し合い、理解を形成するとともに、使用状況に応じて定期的にルールをアップデートすることも重要です。

第3節 どんな機能があるか体験してみよう

　生成 AI の使用に関するルールを決めたら、生成 AI を実際に使用してどんな機能があるかを体験してみましょう。様々な使い方を経験することで、学習者が目的に応じて最適な使い方を選べるようになります。ここでは理科の授業での活用を例に、様々な使い方を紹介します。読者のみなさまもぜひ生成 AI に入力して試してみてください。

■1 分からないことを質問してみる

　まずは自分が知りたいことについて、「○○について教えて」という形式で質問してみましょう。例えば、「モーターの仕組みについて教えて」「地震の仕組みについて教えて」と質問すると、どんな答えが返ってくるでしょうか。

■2 情報を要約する

　次に、大量の情報を要約させる使い方を試してみましょう。文書ファイルをアップロードしたり、情報が記載されている URL を指定したりすると、情報を要約して説明してくれます。例えば、「Wikipedia の放射性同位体のページを 200 字以内で要約して日本語で説明して（https://en.wikipedia.org/wiki/Radionuclide）」と質問すると、どんな答えが返ってくるでしょうか。

■3 回答形式を指定する

　数式、表、グラフ、図など、回答形式を指定すれば、それに従って回答が出力されます。例えば、「電流、電圧、抵抗の関係を式で表して」「両生類と

爬虫類の特徴を比較して表で整理して」「大阪の1年間の気温の変化をグラフにして」「光合成の仕組みをフローチャート図で説明して」と質問すると、どんな答えが返ってくるでしょうか。

4 役割を与える

生成AIに担当してほしい役割や人物像を指定すれば、それになりきって会話することもできます。例えば、「あなたはディベートの専門家です。私の主張に対する反論を考えて。主張：カラスの羽は黒い」と質問すると、どんな答えが返ってくるでしょうか。

5 制約条件を与える

生成AIが回答する際の制約条件を示すと、それを守りながら回答を出力させることができます。例えば、以下のように質問すると、どんな答えが返ってくるでしょうか。

```
# 役割
あなたは理科の先生です。
# タスク
日によって月の形が変わって見える理由を教えて。
# 制約条件
・日本語で説明する
・小学生にも分かるように説明する
・ラップ口調で説明する
```

6 ステップバイステップ

説明が長くて複雑な場合、ステップバイステップで説明するよう指示することも効果的です。例えば「顕微鏡の使い方をステップバイステップで説明

して」や「自由落下の３秒後の到達距離をステップバイステップで計算して」と指示すると、どんな答えが返ってくるでしょうか。

7 画像を生成させる

生成 AI は文章だけでなく、画像を生成することもできます。画像生成に対応した生成 AI にどんな画像を作成してほしいか、文章で指示を出します。例えば、「シダ植物の画像を作成して」と指示すると、どんな画像が返ってくるでしょうか。

8 画像を解釈させる

一部の生成 AI は画像を作成するだけでなく、与えられた画像の内容を判断することもできます。例えば、右のような画像をアップロードして「画像の実験道具は何という名前ですか？」と質問すると、どんな答えが返ってくるでしょうか。

9 問題を作成させる

自身の理解度を確認するために、テスト問題を作成させることもできます。例えば、「進化論の理解度を確認するテストを出して」と指示すると、どんな問題が返ってくるでしょうか。

10 複数の機能を組み合わせる

これまでに紹介した複数の機能を組み合わせることで、より複雑なタスクを実行することができます。例えば、次のように質問すると、どんなやりとりが実現するでしょうか。

役割
あなたは理科の先生です。
タスク
理科の自由研究のテーマと研究計画を考えることを手伝ってください。
制約条件
・ステップバイステップで考える
・自由研究のテーマが決まるまで質問をする（最大4回）
・テーマが決まったら研究計画を考える質問をする
・日本語で質問する
・最後に自由研究の計画を表で整理する

第4節 生成AIの性質を考えよう

　生成AIの機能を一通り体験したら、生成AIの性質や長所・短所について検討する必要があるでしょう。これらの検討により、生成AIを適切に使用するスキルが向上します。

1 誤った回答をする

　はじめに、生成AIは誤ったり嘘をついたりすることがあるという性質について検討しましょう。例えば、「2040年のノーベル化学賞受賞者は？」と尋ねると次のような誤った回答が返ってきます。マックス・プランク研究所のケン・ヤマダ教授は存在しない人物です。

生成AIによる誤った回答（ChatGPT-4o）

> 2040年のノーベル化学賞は、マックス・プランク研究所のケン・ヤマダ教授に授与されました。彼は、炭素－水素結合の選択的な官能基化に関する研究で知られ、この研究が有機合成化学における画期的な進展をもたらしたため、受賞しました。これにより、新しい医薬品や材料の開発が大いに進むことが期待されています。

　生成AIはもっともらしい回答を出すように訓練されているので、知識を持っていないことであってもそれらしい嘘を生成してしまいます。人間の嘘と違い、あやふやな言葉遣いや自信のなさといった特徴がないため、専門知識がないテーマに関しては見抜くことが困難です。このような嘘や誤りが含まれることがあるという性質を理解し、その信ぴょう性について常に批判的に考える態度が必要になります。

2 回答が毎回異なる

　次に、生成AIの回答は毎回異なるという性質について検討しましょう。

生成AIは次の単語を確率的に決定することを繰り返しているため、同じ質問であっても毎回異なる回答が返ってきます。また、使用するサービスやモデルによっても異なる回答が返ってきます。例えば、「水を早く氷にする方法を3つ教えて」と2回尋ねると、次のような結果が得られました。

同じ内容を2回尋ねたときの返答（Claude 3.5 Sonnet）

1回目	2回目
水を早く氷にする方法を3つご紹介します： 1. 小さな容器を使う：小さな容器や氷型を使うと、水の量が少なくなり、より早く凍ります。 2. お湯を使う：一見矛盾しているように思えますが、熱湯から始めると実際には早く凍ることがあります。これは「ムペンバ効果」と呼ばれる現象です。 3. 塩を加える：少量の塩を水に加えると、凍結点が下がり、より早く凍り始めます。	水を早く氷にする方法を3つご紹介します： 1. 小さな容器を使う：水を小さな容器や製氷皿に分けると、表面積が大きくなり、より早く冷えます。 2. 塩を加える：少量の塩を水に加えると、凝固点が下がり、より早く凍ります。 3. 動かしながら冷やす：冷凍庫内で水の入った容器を時々動かすと、均一に冷えて氷ができるのが早くなります。

このように、出力結果が毎回少しずつ変わることが分かります。このような性質を理解すれば、複数人で出力結果を比較したり、結果にばらつきがある場合は何が正しいかを注意深く検討したりするといった活動の必要性が実感できるでしょう。

3 人間は学習しなくてもよいのか

最後に、生成AIがあれば私たちは学習をしなくてもよくなるのかということについて検討します。例えば、すでに授業で学習して十分に知っている内容について生成AIに聞いてみましょう。生成AIの回答は自分の知っていることをすべて反映しているでしょうか。あるいは、もし生成AIの解答だけで学習するとしたら、それらをすべて学ぶことができたでしょうか。例えば、「てこの規則性について教えて」と尋ねると、次ページのような結果が得られました。

これはあなたがてこの規則に関して知っていることをすべて表せているでしょうか。教科書のまとめにあたる表面的な知識は含まれていますが、てこ

を使ったときの手ごたえの変化の感覚などは回答を読むだけでは経験できないものです。生成AIの解答だけで、理科の授業と同等の学びを得ることはできません。

🧠 てこの規則性について尋ねたときの返答（Copilot）

> てこの規則性、つまり「てこの原理」は、古代ギリシャの科学者アルキメデスによって発見されました。てこの原理は、物体を動かすために必要な力を減少させる方法を説明します。具体的には、てこを使うことで、小さな力で大きな重さを持ち上げることができます。
>
> てこの基本的な構成要素は次の3つです：
> 1. **支点**（Fulcrum）：てこの支えとなる点。
> 2. **力点**（Effort）：力を加える点。
> 3. **作用点**（Load）：持ち上げる重さがかかる点。
>
> てこの原理は次の公式で表されます：
> 　力点の距離×力＝作用点の距離×重さ
>
> 例えば、力点の距離が長いほど、必要な力は小さくなります。
>
> てこには3つの主要なタイプがあります：
> **第一種てこ**：支点が力点と作用点の間にあります。例としては、シーソーやはさみがあります。
> **第二種てこ**：作用点が支点と力点の間にあります。例としては、ホイールバローや栓抜きがあります。
> **第三種てこ**：力点が支点と作用点の間にあります。例としては、ピンセットや釣り竿があります。
>
> てこの原理を利用することで、より少ない力で効率的に作業を行うことができます。学校での科学実験や日常生活の中で、てこの原理は頻繁に応用されています。

　その一方で、生成AIの回答は自分の知らなかったことや新しい視点をもたらすこともあります。それらに基づき新たな問題を見いだし、追究することで、新しい学習の機会が得ることができます。生成AIは**これまでの学習にとって代わるものではないが、学習の可能性を広げてくれる有効なツールである**ということを理解することが重要です。

理科学習における直接体験の重要性

　日本財団が17〜19歳の1000人を対象に実施した「18歳意識調査」では、約4割の人が生成AIを使ったことがあると回答しています（日本財団. 2023）。暮らしの中に広がりつつある生成AIですが、まだ利用したことのない教員も多いのではないでしょうか。ここでは、小学校教員である筆者が初めて生成AIを使用しながら考えた利用上の課題について述べます。

　生成AIの一つであるChatGPTを使用した最初の感想は驚きでした。こちらが役割付けをし、質問を投げ掛けると、答えとなる文言やアイデアを返してくれ、まるで専門の先生とのやりとりをしているかのように感じ、驚かされました。

　その一方で、理科学習に取り入れる際には注意が必要だと考えました。なぜなら、理科は事象を通した直接体験を重視する教科だからです。特に小学校段階では、身近な自然事象を取り扱います。例えば、インゲンマメの種子を使った発芽の学習において、生成AIに発芽の条件は何かを質問すると、「水」「空気」「適温」と答えが返ってくるでしょう。しかし、子どもが実際に種子を手に取り観察することで感じる種子の大きさや固さ、こんなに小さくて固い種子から芽が出てくるのかという**驚き**、発芽したときの**喜び**などの**感動**は実際に体験しなければ得られないものです。こうした営みを繰り返すことが、子どもが自然事象に対する興味・関心を高めたり、経験を伴った科学的な知識を習得したりするなど、理科で育成する資質・能力につながると考えます。

　このように、生成AIを理科の学習で用いる際には、理科で育成を目指す資質・能力につながるのかを吟味する必要があります。あくまでも生成AIは、資質・能力を育む一つのツールであり、興味を引き立てたり、考えるきっかけを提供してくれたりするものだと考えます。時代や学び方は変わっても、自然と向き合い、**感動**する理科の授業を大切にしていくべきではないでしょうか。

第3章

生成AIを取り入れた理科授業

第1節 比較を通して問題を見いだす

生成AIにできること

　理科では学習者が主体的に問題を見いだすことが重視されています。問題の見いだしにおいて生成AIはどのように役立つでしょうか。学習者の代わりに生成AIが問題を作ってくれるわけではありませんが、生成AIは学習者が問題を見いだすことを支援してくれます。本節では、**問題づくりの過程で重要となる「変数の見いだし」** に注目し、児童一人一人が主体的に問題づくりに取り組めるようにするための生成AIの活用事例を紹介します。

1 自然事象から変数を見いだす

　科学的に探究可能な問題を設定するためには「**変数**」を見いだすことが重要となります。変数とは、実験時の「変える条件」や「それに伴って変化する条件」のことです。この変数（条件）を問題づくりの段階で明確にすることで、その後の活動の方向性がより明確となり、探究可能な問題となります。例えば、小学校第3学年「風とゴムの力の働き」では、変数として［風の力の大きさ］や［物が動く距離］などがあります。これらの変数を因果関係でつなげることで『風の力の大きさ（原因）によって、物が動く距離（結果）はどのように変わるのだろうか』のような科学的に探究可能な問題を設定することができます。

　変数には"目に見える変数"と"目に見えない変数"の2種類があります。一例として、小学校第6学年「ものの燃え方」の学習内容で提示

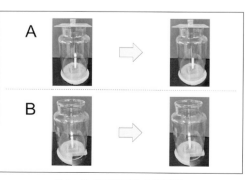

図1：「ものの燃え方」の提示事象

する事象を取り上げます（図1）。児童はこの事象の比較を通して［火がついている／ついていない］［ふたの有無］［粘土の形］という"目に見える変数"を見いだします。しかし教師は『空気の通り道の有無によって、火が燃え続ける時間は変わる』という結論を導く問題解決をねらいとしています。そのため、［空気の通り道の有無］［火が燃え続ける時間］といった"目に見えない変数"に気付くことが求められます。このように、目に見える変数を目に見えない変数へと統合し、推論する力が必要です。

では、生成AIは"目に見えない変数"を見いだせるのでしょうか。変数の見いだしに関する問題（森川ら，2022）を生成AIに解かせてみると、見事すべての問題に正答しました。

目に見えない変数を見いだす様子（ChatGPT4o）

この結果から、**生成AIには理科の問題づくりで必要となる変数を見いだす観察力や推論力が備わっている**といえるでしょう。テキスト処理のみならず画像処理・分析を高い精度で行える生成AIには、変数の見いだしに困難

さを抱える学習者への支援ツールとしての利用が期待できます。

2 テキストマイニングでキーワードを抽出する

　テキストマイニングとは、大量のテキストを単語に分解し、頻出語や語のつながりを可視化する方法です。児童一人一人が書いた気付きの文章をテキストマイニングにかけることで、学級全体でおおよそどのようなキーワード（変数）に気付けているのか捉えることができます。学級内での頻出語を示すことで、自分一人の力では見いだせなかった変数に気付く手掛かりとなります。

　生成 AI に事象の画像や他の児童が見いだした変数を入力することで、**頻**

表1：生成 AI へのプロンプト

```
＜指示＞
## の文章内の「頻出語」と「文章の要約」をステップバイステップ で教えてください。

「頻出語」
1. ## の頻出語を抽出する。
     そのとき、記号や助詞、"A"、"B" はカウントしない     ← ノイズを取り除く

2. 抽出した頻出語と回数を「表1」にまとめる。
     ＃表1の見出しは「ちがうところ」とする
     ＃頻出回数が多い順

「文章の要約」
3. 頻出語同士でつなげた要約文を箇条書きで挙げる
     ＃小学6年生が分かる文章
     ＃頻出語の箇所は太字で強調          ← ステップバイステップで
     ＃重複した文章は書かない                 指示する

4. 生成した箇条書きを、表1内で関連する頻出語の項目に新たな列として追加する

5. 表1で類似する項目はまとめる
     ＃どの用語をまとめたのか、表の下に注意書きとして記す

6. 「終了」と回答するまで修正点を聞き続ける

##
    （児童の回答データを挿入）
##
```

出語だけでなくどのような学習の文脈で単語が使用されているのか、分かりやすい形で出力できます（表1）。さらにプロンプトの調整により、**児童の実態に応じた出力内容のアレンジが可能**となります。

生成AIを使った実践

1 問題づくりの全体像

主な授業展開の内容を表2に示します。小学校第6学年の「ものの燃え方」の授業において、2つの事象A、B（図1）を比較させ、気付きを文章で提出させた上で、それらを生成AIによって分析することで頻出語を抽出し、児童に示すという展開を設定しています。これは児童一人一人が事象を十分に観察する時間を確保するとともに、抽出された頻出語（変数）を示すことで問題を見いだすよう支援することを意図しています（森川・中村，2024）。

表2：問題づくりの主な授業展開

事前	1.	自然事象の資料作成（図1）
	2.	Google Formsでアンケートを作成・配付
	3.	[教師] 回答の分析（生成AIを使用）
	4.	[児童] 出力された分析結果を事前に確認
本時	5.	班内で考え（見いだした共通点・差異点）を共有
	6.	班内で合意された考えを学級全体に共有
	7.	差異点から変数（キーワード）を見いだす
	8.	変数を原因と結果に分類
	9.	問題文をつくる

2 生成AIによる変数を見いだす支援

(1) テキストマイニングを使った学級全体の頻出語・要約文の出力

表1のプロンプトに児童の回答を追記し、**学級全体の傾向（頻出語・要約文）を生成**します。この出力結果は、変数を自力で見いだせない児童に限らず、既に見いだせている児童への支援としても機能します。

「差異点」を分析した際の出力結果（ChatGPT4o）

3. 文章の要約

抽出した頻出語を使って、要約文を箇条書きにします。

- **火**が消えているか、消えていないか
- **蓋**をしているか、していないか
- **消え**ているかどうか
- 底に**穴**があるか、ないか
- **空気**が入るか、入らないか

4. 表1内に新たな列を追加

ちがうところ	頻出回数	要約文
火	10回	**火**が消えているか、消えていないか
蓋	10回	**蓋**をしているか、していないか
消え	8回	**消え**ているかどうか
穴	6回	底に**穴**があるか、ないか
空気	5回	**空気**が入るか、入らないか

5. 類似する項目をまとめる

「火」と「消え」は類似するため、「火」にまとめます。

> この出力結果を児童に提示

ちがうところ	頻出回数	要約文
火	18回	**火**が消えているか、消えていないか
蓋	10回	**蓋**をしているか、していないか
穴	6回	底に**穴**があるか、ないか
空気	5回	**空気**が入るか、入らないか

注意書き：「火」と「消え」をまとめました。

「終了」と回答するまで修正点をお聞きします。

（2）生成 AI との対話場面

ここでは表2の「4. 出力された分析結果を事前に確認」の場面において、児童が出力結果とどのように対話し、理解を深めているのか紹介します。

［自力では変数を見いだせない児童］

 Aは火が消えているけど、Bは消えていない。
本当にこれでいいのかな、**自信がないな**…。
あと、他に違うところはあるかな…？

出力結果を参照

たしかに！ふたをしている・していないが違う。
それに、集気びんの下にある粘土の形が違う。

私が最初に見つけた火がついているかどうかは、多くの人が回答している。
少し自信がもてたから、頑張って発表してみようかな。

　支援を必要とする児童にとって、他の児童がどのような回答をしているのか把握できるようにすることは重要です。この出力された要約文は箇条書きでまとめられているため、児童にとって分かりやすく、変数を見いだすヒントとして機能します。さらに学級全体の傾向を知ることで、**自分の考えに自信がもて、積極的に本時に参加しようとする主体性の向上**も期待できます。

[既に変数を見いだせている児童]

僕は一人で違うところを見つけられた。
他の人の考えも見てみようかな。

  出力結果を参照

「空気が入るか、入らないか」って考えている人もいるのか。たしかに。
もう一度画像（提示された事象）を見てみよう。

つまりこのふたがあるかないか、底に穴があること、空気のことを**整理すると「空気の通り道があるかないか」って言葉にまとめられそうだ。**

　この児童は、出力結果の参照を通して**事象を再確認する機会や新たな変数への気付き**が得られました。児童は生成された頻出語や要約文をもとに、改めて事象を捉え直すことで「空気の通り道の有無」という"目に見えない変数"を見いだすことができたのです。その後本時では、学級全体でどの変数を問題文に組み込むか、一人一人が積極的に議論に参加し、全員が納得のいく問題をつくることができました。

　本節では、問題づくりで重要な「変数」を見いだす場面での生成AI活用事例を紹介しました。AIに問題づくりを任せるのではなく、**学習者自身が問いを見いだせるようになるための支援**として活用することが重要だと考えます。

第2節 変数を整理して仮説を設定する

生成AIにできること

1 仮説設定にAIはどう役立つのか

　現代の科学者は未知の現象を見つけたら、その現象を自分なりに説明して**仮説**を設定します。例えば、「○○が原因で■■という結果になっているのではないか」といった仮説は、その後の実験活動を導く重要な役割を果たしてきました。このような仮説を設定する作業は従来、人間の仕事でした。しかしながら、近年のビッグデータとAIアルゴリズムの発展は、自然科学における仮説設定のあり方を変えつつあります。2021年、イギリスのリバプール大学の研究チームは、AIを使用して新しい電池の素材として有用な化学物質を膨大な候補の中から4つに絞り込みました（Vasylenko et al., 2021）。AIは、人間では扱いきれないような膨大なデータから人間が見落としているパターンを見つけ出し、仮説を設定することに役立ちます。科学者の知らない他分野の情報をデータに取り入れることで、これまでに思いつかなかった新しい仮説を生み出すことができるかもしれません。その一方で、AIはなぜそのような仮説に至ったかの推論過程を説明することはできず、解釈可能性に問題が残ります。そこで、最終的には人間が仮説を解釈して検証する必要が残り続けます。以上のことを考えれば、これからの理科教育に

図1：AIと対話しながら仮説を設定するイメージ▶
（DALL・E3を使用して作成）

おいては、**学習者がAIと協働しながら仮説を設定していくこと**が求められると考えられます。本節では、学習者が生成AIと対話しながら仮説を設定する実践を紹介します。

❷ AIと人間の仮説設定は同じなのか

　AIと人間では仮説を立てる際の思考過程が大きく異なります。AIはビッグデータの中からパターンを特定し、最も可能性が高いものを仮説として提案します。一方で人間は、①問題事象を特定して、②関連する情報を集め、③原因や結果となる変数を特定し、④それらの因果関係を検討し、⑤文章で表現することで仮説を設定します（中村・松浦，2018）。人間にはどのようにして仮説を立てたか説明できるという長所がある一方で、検討できる情報の量が少ないという短所があります。特に、自身の考えに合う情報だけに着目してしまう確証バイアスは仮説設定の質を低くすることが知られています。このような弱点を補うために、生成AIを活用することができます。人間の仮説設定の思考過程に沿って、生成AIを活用する方法を考えていきましょう。

❸ 仮説設定を支援する生成AIの構築

　まずは生成AIに人間の仮説設定の思考過程を理解させるために、仮説設定の順序を指示します。考える順番や相手に求める役割を明確化することで、各段階で適切な支援を得ることが可能になります。また、生成AIに思考過程の伴走者になってもらうために、どのような役割を期待しているのかを指定することも効果的です。

　本事例では、OpenAI社の提供するGPTsを利用して、仮説設定を支援する生成AIを構築します。GPTsとは、事前にタスクの内容や求められる役割を設定しておくことで、特定のタスクに特化した生成AIを構築できるサービスです。今回は仮説設定の支援に特化した生成AIを構築するために、次のようなプロンプト（Instructions）を事前に組み込みました（表1）。

表1：GPTsを作成する際に指定したプロンプト（抜粋）

#ゴール
このGPTは、自然科学の様々な分野の仮説を立てることを支援するために、特に中学生が利用しやすいように日本語でデザインされています。仮説とは、自然現象を説明するもので、原因と結果の関係性を説明することが多いです。理科の学習では、学習者が自ら仮説を立てることが求められます。ですので、生成AIが仮説を立てるのではなく、学習者の仮説設定を支援してください。学習者が自身で仮説を立てることが最終的なゴールです。

#ステップ
5段階のステップバイステップで学習者の入力に応じて仮説設定を進めます。

##ステップ1：問題事象を特定する
　1では、どのような問題事象や自然事象に対して仮説を設定するのかを明確にします。生成AIは学習者にどのような事象を扱うか聞いてください。事象の情報が不足している場合は、事象をよく観察するよう促し、追加の情報を求めてください。

##ステップ2：問題事象に関連する情報を集める
　2では、問題事象に関連する情報を集めます。問題事象に関して何を知っているか尋ねてください。知っていることが無くて学習者が困っている場合は、ヒントを出してください。

##ステップ3：原因や結果となる変数を特定する
　3では、問題事象に関連する変数を特定します。何の変数がその事象に関連しているかを学習者に尋ねてください。1個の変数のみに着目するのではなく、複数の変数を検討することが大切です。
　学習者が変数を見つけられない場合は、ヒントを出してください。複数の変数が出たら、どれが原因でどれが結果なのかを考えるよう促してください。

##ステップ4：変数間の因果関係を検討する
　4では、原因と結果の変数の間にどのような関係があるかを検討します。学習者が変数の関係性を考えられるようアシストしてください。関係性が難しい場合は飛ばしても構いません。

##ステップ5：仮説を文章で表現する
　5では、1〜4の情報に基づき仮説を設定します。学習者にこれまでの情報を整理して示し、仮説を文章で表現するよう求めてください。仮説には、原因、結果、因果関係の3つの要素ができるだけ含められることが望ましいです。仮説が立てられない場合のみ、これまでの情報に基づき仮説の文章の候補をいくつか示してください。はじめから仮説の候補を示してはいけません。

　ここでは、5つのステップで仮説を設定することとし、各段階で生成AIに求める支援の役割を指定しています。構築した生成AIには「仮説設定お助けくん」という名前を付けました。以下のURLから誰でもアクセスすることができます。

「仮説設定お助けくん」
https://chat.openai.com/g/g-y2BvW2FQp-jia-shuo-she-ding-ozhu-kekun

生成 AI を使った実践

　それでは、「仮説設定お助けくん」を使用した仮説設定の実際のやりとりを紹介します。理科における仮説設定の具体例として、ものの浮き沈みに影響する原因を考える場面を挙げてみます。ステップ1～3では、どのような事象に対して仮説を設定するのかを尋ねられるので、学習者は事象に関して知っていることを入力します。すると、生成AIは問題事象に関連する情報を整理し、変数を特定することを手伝ってくれます。

変数の特定を支援する様子（ChatGPT4 GPTs）

ステップ1
You
軽石は水に浮かぶのに、削ると水に沈むようになるという現象について仮説を立てたいです。

仮説設定お助けくん
軽石が水に浮く理由と削ると沈むようになる理由について仮説を立てるのは面白い問題ですね。まずはステップ2に進んで、この現象に関連する情報を集めましょう。

ステップ2
軽石について、どのような特徴や性質を既に知っていますか？たとえば、その構造や材質について何かわかることがありますか？また、削るという行為が軽石にどのような変化をもたらすかについての知見があれば教えてください。

You
軽石は軽くてザラザラしています。小さな穴がたくさん開いています。火山と関係があります。削ると細かい砂のようになります。

仮説設定お助けくん
ありがとうございます。軽石が軽くて多孔質であること、そして火山活動の産物であることから始めるといいでしょう。削ると細かい砂のようになるとの情報もとても重要です。

次にステップ3に進み、この情報をもとにどのような変数がこの現象に影響を与えているかを特定しましょう。

ステップ3
- 変数1: 軽石の多孔質の構造
- 変数2: 軽石の質量や体積
- 変数3: 削った後の軽石の粒度

これらの変数を考えると、どれが原因でどれが結果か、またどのような関係性があると思いますか？たとえば、多孔質の構造が水に浮く理由に影響しているとか、削ることで構造が変わることが沈む理由につながっているなど、何か思い当たることがあれば教えてください。

　ここでは、軽石は水に浮かぶのに、削ると水に沈むようになるという現象について、学習者が入力した情報から関連する変数を考えることを支援する

様子が読み取れます。知らない科学用語が出てきた場合には、その後の検証過程に影響しない範囲で解説を求めることもできます。

🧠 科学用語について尋ねる様子（ChatGPT4 GPTs）

> **You**
> 多孔質とは何ですか？
>
> **仮説設定お助けくん**
> 「多孔質」とは、物質の内部に多くの小さな穴（孔）が開いている状態を指します。この孔は通常、非常に小さいため肉眼では見えないこともありますが、その存在によって物質の性質に大きな影響を与えます。
>
> 軽石の場合、火山活動中に溶岩が急速に冷え固まることで、内部にガスの泡が閉じ込められ、それが固体化する際に孔として残ります。これが軽石が多孔質である理由です。この孔が多いために、軽石は軽くて水に浮く性質を持つわけです。
>
> [ステップ4] これらの孔が水に浮くのにどのように寄与していると思いますか？また、削ることでこれらの孔がどのように変化すると予想されるかも考えてみましょう。これらの点を踏まえて、どのような変数間の関係が考えられるでしょうか？

続いて、ステップ4では、変数間の関係性について質問されるので、どのような原因によってどのような結果が生じるかを考えていきます。次のやりとりのように、対話を通して原因や結果となる変数が整理され、仮説を立てることが求められます。

🧠 原因や結果となる変数が整理される様子（ChatGPT4 GPTs）

> **You**
> 削ると穴が無くなると思います。
>
> **仮説設定お助けくん**
> その考え方は良い洞察ですね！削ると軽石の多孔質の構造が変化し、孔が減少または消失するため、水に浮かびにくくなる可能性があります。これをもとに、変数間の関係を考えてみましょう。
>
> - **原因変数**: 軽石を削る行為
> - **結果変数**: 孔の数の減少
> - **影響**: 孔が減少することで軽石の密度が増し、水に沈むようになる
>
> ここから仮説を立てるステップへ進みます。ステップ5では、上記の情報をもとに具体的な仮説を文章で表現してみましょう。以下のように表現することができますが、ご自身で仮説を考えてみてください：

最後に、ステップ5では学習者自身が仮説を文章化することが求められます。学習者が仮説を立てると生成AIは原因や結果となる変数が明確になっ

ているかを評価し、フィードバックを返してくれます。また、その後の仮説検証のヒントを与えてくれます。

> **学習者の仮説に対するフィードバックの様子（ChatGPT4 GPTs）**
>
> **You**
> 「軽石を削ると穴が無くなり軽石の密度が増して水に沈むようになる」という仮説を立てました。
>
> **仮説設定お助けくん**
> 素晴らしい仮説ですね！「軽石を削ると穴が無くなり軽石の密度が増して水に沈むようになる」という仮説は、観察された現象を説明する要素がしっかりと含まれています。これでステップ5の仮説設定は完了です。
>
> 次に、この仮説を検証するためには、実際に軽石を削ってみて、削る前後で水に浮かぶかどうかを観察する実験が考えられます。さらに、削った軽石の密度を測定して、どの程度密度が変化したかを確認することも有効です。
>
> この仮説を立てる過程で何か新たな疑問や気づきがあれば、それも一緒に探究していくと良いでしょう。また、他にも仮説を立てたい現象や疑問があれば、いつでもサポートしますので、遠慮なくお知らせください。

このように、仮説設定の主体は学習者であるものの、**生成 AI との対話を通して仮説設定の質を向上させる**ことができます。これは、現代の科学者が他者と対話したり、AI を活用したりしながら効果的に仮説を設定していることと類似しています。また、生成 AI との対話のやりとりを学習者に振り返らせることで、どのように仮説を立てたかというメタ認知を働かせ、思考過程を自覚化させることができます。このことから、生成 AI との対話を通した仮説設定は、学習者の仮説設定能力を向上させることにも貢献することが期待されます。

第3節 実験計画が適切か評価する

生成AIにできること

1 今日の科学研究における実験計画場面でのAIの利用

　今日の科学では実験を計画する際にもAIを用いて実験を改善し、時間や予算といったリソースの制限下で得られる研究データを最大化した効率的な研究が行われるようになってきました。国立研究開発法人産業技術総合研究所では、実験計画法の枠組みにAIの手法を組み合わせることで「Multi-Sigma」と呼ばれる新たな実験計画法を開発し、この手法を用いて人工心臓のデザインの最適化を行っています（産総研，2020）。このように、実験計画場面においてAIを活用していくことが期待されています。

2 学習者にとっての実験計画

　教科書に記載された実験は、既に実験の内容を十分に理解した大人の目線で計画されています。例えば、植物の発芽実験では種子を1粒ではなく3粒程度用いる実験が見受けられますが、これは種子の発芽率が100％ではないためです。1粒だけで実験を行うと水や空気などの環境要因から発芽しなかったのか、その種子が痛んでいるなどの種子由来の要因から発芽しなかったのかが判断できないので、複数の種子を用いる（実験を繰り返す）のです。しかし、このような発想はすでに種子の発芽についてある程度の学習を行った後に初めて浮かぶものです。これから発芽の基本的事項を学ぼうとしている学習者にとって、発芽率を織り込んで複数の種子を用いるという実験を計画することは困難でしょう。だからこそ**普段の実験から繰り返しの手続きの重要性を指導しておく必要があります。**

　別の授業では、塩酸に鉄を入れると気体を発生させながら鉄が溶けたこと

から、塩酸は金属を溶かして気体を発生させるという結論を導き出したとします。この際、既に中学校や高校の学習を終えている大人は導き出した結論を支える背景知識を持っていますが、学習者はまだその真偽を判断できません。そのような学習者の目線から見れば、「塩酸ではなくとも鉄を溶かすのではないか」「鉄を溶かさなくても気体が発生していたのではないか」などといった別の解釈（alternative explanation）が生じるはずです。これらの解釈を解消し、得られた結論の正当性を高めるためには水に鉄を入れた試験管や、塩酸に鉄を入れない試験管などの対照群を設定する必要があります。さらに、他の要因が影響していないのかを確かめることも必要でしょう。ここでも重要なことは、塩酸に鉄を溶かす実験だから対照群を設定するのではなく、**普段から対照群を設定して比較しようとする学習者を育成する**ことです。以上のように、実験を計画する際には実験を繰り返したり、対照群を設定したり、条件を制御したりする手続きを身に付けることは、科学的な実験を自ら計画する力に欠かせません。

　情報が氾濫する現代社会において、我々は不確かな情報にいつも晒され続けています。だからこそ「これを食べたら病気が治った」などという不確かな主張に対して、「1つの例だけでは分からない」「他に食べたものが影響したのかもしれない」「何も食べなくても治ったのかもしれない」という**別の解釈の可能性に気付く力**がこれまでよりも重要になっています。そしてそのような力は普段の理科授業において、実験の計画を通して育つものなのです。

　学習者も科学者のようにAIを用いて、その実験をよりよい計画にするアイデアを得ることで、自分たちだけでは発想できない実験手続きに気付き、実験を計画する能力を向上させることができると考えられます。本節では、学習者が生成AIを用いて自分が計画した実験を評価し、実験の新たなアイデアを得る活動として、「生成AIによる実験計画の提示」と「生成AIによる実験計画の評価」の2つを紹介します。

図1：実験を改善する要素

3 実験計画を支援する生成 AI の構築

　ここでは実験を計画する過程に関して指示を行います。前節同様、Open AI 社の提供する GPTs を用います。ここで AI に求める役割は児童の代わりに実験を計画することではなく、実験を改善するアイデアを提示し、児童の実験をより検証能力が高い実験に改善することです。**AI は間違うこともあるので、あくまで最終的な判断は人間が行います**。そのために、「生成 AI による実験計画の提示」活動と「生成 AI による実験計画の評価」活動の 2 つの活動において使用できる AI とします。

　なお、Open AI 社では 13 歳以下の子供による利用を許可していません。生成 AI の利用においては、生成 AI の回答を吟味し判断する主体としての利用者が求められるからです。ここでは、「生成 AI による実験計画の提示」と「生成 AI による実験計画の評価」のどちらも教師が主体となり、適切に

表 1：GPTs を作成する際に指定したプロンプト（抜粋）

#ゴール
この GPT は、小学校の理科授業において児童が仮説を検証するための実験を計画することを支援するものです。支援の方法は 2 つあります。1 つ目は仮説を検証するための実験を提示することです。2 つ目は児童が計画した実験を評価し改善策を伝えることです。検証する仮説は児童が形成することが重要なので、それ以外の仮説のアイデアは提示しないでください。また、この GPT は教師が使用することを想定していますが、あくまで小学生でも理解できる返答を、小学生本人に答えるように返答してください。

##実験の提示
　小学生が実験や観察を計画する際にアイデアを得られるように、実験や観察の案を提示してください。
　まず、指示に対して、仮説の確認を行ってください。
　次に、仮説が明確になった時点で、具体的な実験や観察の計画を 3 案提示してください。小学生が理解できる内容、小学生が用いることのできる実験器具を用いた実験や観察にしてください。小学生には、実験を繰り返すこと、対照群を設定すること、他の要因の影響を排除することの重要性を伝えたいと考えています。

##児童が計画した実験の評価と改善策の提示
　児童が計画した実験を 5 点満点で評価し、その改善策を提示してください。
　まず、初めに何を確かめる実験を行ったのかを確認してください。原因が明確に示されていない場合には、必ず「何が原因だと考えているのですか」と問い返してください。児童の仮説を尊重し、仮説の候補は伝えないでください。
　次に、仮説が明確になった時点で、計画した実験を尋ねてください。実験を評価する際には実験計画ルーブリックに則って 5 点満点で点数をつけて、「さらに良い実験にするには」という改善案を提示してください。

表2：実験計画ルーブリック

5点	仮説を確かめるための実験となっており以下のすべてを満たしている ・必要であれば、実験を繰り返して複数のデータを取ることができる実験となっている ・必要であれば、対照群が設定されており比べることができる実験となっている ・必要であれば、他の要因が影響していないのかを確認することができる実験となっている
4点	仮説を確かめるための実験となっており以下の2つを満たしている ・必要であれば、実験を繰り返して複数のデータを取ることができる実験となっている ・必要であれば、対照群が設定されており比べることができる実験となっている ・必要であれば、他の要因が影響していないのかを確認することができる実験となっている
3点	仮説を確かめるための実験となっており以下の1つを満たしている ・必要であれば、実験を繰り返して複数のデータを取ることができる実験となっている ・必要であれば、対照群が設定されており比べることができる実験となっている ・必要であれば、他の要因が影響していないのかを確認することができる実験となっている
2点	仮説を確かめるための実験となっているが以下の1つも満たしていない ・必要であれば、実験を繰り返して複数のデータを取ることができる実験となっている ・必要であれば、対照群が設定されており比べることができる実験となっている ・必要であれば、他の要因が影響していないのかを確認することができる実験となっている
1点	仮説を確かめる実験となっておらず、関係がない事象を調べようとしている

指導を行った上で児童に情報を提示します。表1のプロンプトと表2の実験計画ルーブリックを読み込ませました。

構築したAIには、「実験計画お助けくん」という名前を付け、以下のURLからアクセスができるようにしています。

「実験計画お助けくん」
https://chatgpt.com/g/g-VCD96S6jO-shi-yan-ji-hua-ozhu-kekun

生成AIを使った実践

1 実験計画の提示

まず、「実験計画お助けくん」を使用して「生成AIによる実験計画の提示」を行った活動を紹介します。この活動は、児童自身が実験を計画した後で生成AIが提示した実験と比較することで自分の計画を見直す活動です。児童が班ごとに実験を計画しそれを発表し合った後で、生成AIの意見と比較することで新たな視点を得るとともに、どの班の実験が最も適切なのかを

自分たちで評価することにつながります。また、必ずしも生成 AI の意見が最適ではなく、自分たちが計画した実験の方が優れている点を見つけることも、あくまで自分が主体として生成 AI を使用するという重要な学びにつながります。扱う実験は、第 5 学年「植物の発芽、成長、結実」の、植物の成長に肥料が影響するのかを調べる実験です。

🧠 生成 AI による実験計画の提示（ChatGPT4 GPTs）

> **You**
> 肥料を与えると植物が良く育つのか調べる実験を考えてください
>
> **実験計画お助けくん**
> 肥料を与えることで植物がどのように成長するかを調べる実験を計画するのはとてもいいアイデアですね！ここにいくつかの実験案を提案します。どの実験も小学生が行うことができ、理解しやすい方法を用いています。
>
> **実験案1: 肥料の量を変える実験**
> 1. 準備するもの：
>   - 同じ種類の植物の苗（例：トマトの苗）を3つ
>   - 肥料
>   - 園芸用の土
>   - 測定用のメジャー（成長を測定するため）
>   - ノート（観察記録用）
> 2. 実験手順：
>   - 3つの鉢に同じ量の土を入れます。
>   - 1つ目の鉢には肥料を全く与えない（コントロールグループ）、2つ目の鉢には少量の肥料を、3つ目の鉢には推奨量の2倍の肥料をそれぞれ混ぜます。
>   - 各鉢に植物の苗を植え、同じ条件下（水やりの量、日光の当たり方）で1か月間育てます。
>   - 毎週、植物の高さや葉の数を測定し、ノートに記録します。

　この質問では、肥料の量を変える実験、肥料の種類を変える実験、肥料の投与間隔を変える実験が提示されました。実験の手順として、繰り返し実験を行うこと、対照群を設定すること、実験の前の様子を確認しておくことなどの手続きが示されています。

2 実験計画の評価

　次に、「実験計画お助けくん」を使用して「生成 AI による実験計画の評価」を行う活動です。授業の中で教師が実際に実験計画を 1 つ評価してみせ、「繰り返し実験を行うことと、実験を比べることが大切ですね」などと

指導することで、児童は自分の実験を見直す視点を得ることができます。また、この方法を各児童の実験を評価して採点する際に用いることもできます。ここでは、文章で計画した実験を伝えましたがExcelなどにまとめた一覧表を読み込ませて一斉に点数を付けることも可能です。

生成AIによる実験の評価（ChatGPT4 GPTs）

> **You**
> 私たちが計画した実験を評価してください。肥料の量によって植物の成長がどのように変わるのかを調べる実験を行いました。肥料を与えたインゲンマメの苗と与えていない苗を1週間育てて大きさの違いを観察します。どちらも同じ量の水を与え、光がよくあたるところに置いています。
>
> **実験計画お助けくん**
> 実験の計画をありがとうございます。肥料の量がインゲンマメの成長にどのように影響するかを観察するという実験ですね。この実験は基本的な要素をしっかりと抑えていて、光と水の条件を同じにすることで、肥料の効果だけを比較しようとしている点が良いです。
>
> **実験計画の評価（5点満点）**
> この実験計画を4点と評価します。肥料を与える量の違いを調べるために、対照群（肥料を与えない苗）と実験群（肥料を与える苗）を設定しており、基本的な比較ができるようになっています。また、光と水の条件を統一しているので、他の要因による影響を抑えられています。
>
> **改善策**
> ただし、さらに改善するために以下の点を考慮すると良いでしょう。
>
> 1. **肥料の量を変える実験群の設定**：肥料を全く与えない群だけでなく、異なる量の肥料を与える複数の群を設けることで、肥料の量と植物の成長の関係をもっと詳しく調べることができます。例えば、少ない、中くらい、多いの3段階で肥料を与えてみるといいかもしれません。
> 2. **観察期間の検討**：1週間だけでは植物の成長に肥料がどのように影響するかを十分に観察するには短いかもしれません。できれば、もう少し長い期間、例えば2〜3週間観察を続けると、より明確な結果が得られる可能性があります。
> 3. **実験の繰り返し**：同じ条件で複数回実験を繰り返し行うことで、偶然の要素を減らし、より信頼性の高い結果が得られます。可能なら、同じ条件で何回か実験を行うと良いでしょう。

児童が生成した実験計画に対して生成AIは肥料を与える・与えないの2種類だけではなく、量を変えてさらに多くの対照群を設定することを提案しました。また、実験を行う期間や実験の繰り返しについてもアドバイスがありました。個々の実験に対してこのように具体的なアドバイスを受けられるという点は生成AIの大きな利点です。いずれの方法を用いる際にも、生成AIが計画した実験をそのまま受け入れるのではなく、「**あくまでも児童自身の実験を発展させるアイデアを得るために用いる**」という理解に基づき、教師の適切な指導のもとで活動を行うように注意してください。

第4節 観察の質を高める

生成 AI にできること

本節では、学習者が作成した観察の記録（スケッチ）を生成 AI に評価してもらい、自己評価しながら観察の質を高める実践を紹介します。

1 観察においてスケッチすることの効果

小学校学習指導要領（平成29年告示）解説理科編には、「観察の際は、直接観察することに加え、細かい部分を拡大するなどして、生物の特徴を図や絵で記録するなど、身の回りの生物について考えたり、説明したりする活動の充実を図るようにする」と示されています（文部科学省, 2018）。これは、第3学年「身の回りの生物」を観察する際の指導のポイントとして挙げられています。この単元では、**図1**のように身の回りの生物を手に取り、細部まで観察しようとする姿が見られます。理科を学習し始めた子供たちにとって、観察の技能を身に付けていくことは、これから進めていく理科の学習においてとても意味あることです。観察ではスケッチを行いますが、なぜスケッチが必要なのでしょうか。

カメラが発達した現代においてはスケッチの代わりに写真を撮ることも考えられますが、写真は対象をそのまま映し出すものであり、特徴だけを抽出することができないため、スケッチには固有の価値があると考えられます（澁江, 2005）。GIGAスクール構想の下、1人1台端末を用いたICT利活用が求められる中、理科の学習においても観察・実験における写真撮影が多く行われるようにな

図1：観察を通した自然体験活動

りました。スケッチや気付きを観察カードに記録する過程を経ることによって、1人1台端末を用いた観察・実験をより深めることができるでしょう。

2 観察の質を高めるために

では、どのようにすれば観察の質を高めることができるのでしょうか。近年の研究では、「観察力の高い児童」の特徴として次の3点が挙げられています（田村，2017）。

①視点をもって観察することができる（観察観点の提示）
②細部まで観察できる（微視的気付きへの促進）
③同じところや違うところに気付く（多様性と共通性の比較活動の設定）

そして、これら3つの特徴を授業に取り入れることで、児童の観察力を高めることができたと報告しています。図2の観察カードの例のように、理科の教科書に例示されているスケッチの観察カードにも観察の観点が示されていることがあります。また、虫眼鏡の使い方の指導方法が記載されていたり、共通性・多様性への気付きに向けて、子供同士の対話の例示や章末の資料があったりするものが多いでしょう。

ただ教科書を無意識的に見るのではなく、自らの観察結果を自己評価したり、教師による価値付けがなされたりすることで観察の質が向上していきます。

図2：観察カードの例

3 観察の質の向上に AI はどう役立つのか

先ほどの田村（2017）の研究では、観察の質の向上が難しかった児童への

支援方法が2つ挙げられています。
　①ルーブリックに基づく得点が高い子供のスケッチを例示し、具体的な記述を確認した上で観察を行うこと
　②気付きの数の自己評価に加えて、細部についての記述や共通点及び差異点についての記述においても自己評価を行うこと

そこで、これらの観点から、**生成 AI による観察記録（スケッチ）の評価をもとに学習者が自己評価を行うことで、観察の質を向上させる**ことができないかと考えました。文部科学省（2023）の方針に基づき、評価の観点の一つとして生成 AI を取り入れ、その結果を子供が確認して改善を目指したり、全体で共有することでどのようなスケッチ・記述を目指していくかという目標設定を行わせたりすることができると考えたのです。

本事例では、OpenAI 社の提供する ChatGPT を利用して、子供たちの観察の記録（スケッチ）を評価させ、その結果を Microsoft OneNote のクラスノートブックに蓄積しています。

生成 AI を使った実践

■1 生成 AI による観察記録の評価

それでは、実際の授業の流れを紹介します。本実践は、小学校3年「身の回りの生物」で行いました。子供の実態としては、とても活動的で動植物への興味が高いという特徴が挙げられます。初めての理科の授業にわくわくしており、理科の授業開きでは目をキラキラさせながら目の前の事象に見入っていました。初めての生物の観察だったので、1時間目は、学校の全体図の中に観察した生物を自由にメモしていきました。その後の共有の時間には、どんな生き物がいたのかをまとめていきましたが、「黄色い花」や「たんぽぽ」などの言葉だけでは、観察した生物が同じものなのか違うものなのかが分からないという状況を設けました。そのことを経て、どんな観察の記録（スケッチ）をすればよいかを話し合い、**図2**のような観察カードを製作しました。2時間目には、その観察カードをもとに身の回りの生物を観察し、記

録を行いました。また、記入した観察カードを ChatGPT に評価させました。

本実践では、教師が有料版 ChatGPT Plus アカウントを使用したため、一度に 10 個のファイルを添付することができました。無料版だと添付ファイルが 1 つまでという制限があるため、どうしても時間がかかってしまいます。

評価に使用したプロンプトは次の通りです。ここでは、回答の精度を上げるためにいくつかの条件を付け加えました。

生成 AI へのプロンプトの入力（ChatGPT4）

あなたは動植物観察の専門家です。
#目的：
添付した画像を以下の採点条件を基に，小学 3 年生による動植物の観察・スケッチの成果を 5 点満点で判断する。
#条件：
・小学 1 年生にも分かる文章表現にする。
・「観察したもの」の項目にどんな動植物を観察したかが示されているものは，その示されている動植物を基に評価を行う。
・1 枚目と 2 枚目は参考画像です。参考に添付した画像に基づき評価を行う。
・3 枚目以降の画像一つにつき，よくできている点を 3 つ，改善点を 3 つ提示する。
・日本語かつひらがなで回答する。
・どのファイルに対する評価なのかが分かるように，ファイル名を明示する。
・全てのファイルに対して評価をするまで回答を止めない。
#採点条件：
・色についての記載がある。
・形についての記載がある。
・大きさについての記載がある。
・動植物の特徴がスケッチに表現されている。
・スケッチする際に，分かりやすい大きさで描いている。

生成AIに、単純な指示を行うだけでは希望する回答を得られないことが多いです。対処法として、得たいことを具体的に指示することが有効です。今回は、ハッシュタグ（#）を使って制約条件を指定しました。まずは、生成AIの役割を設定します。動植物の専門家という役割を指定することで、細かな指摘を行ってくれるようになります。そして、「目的」として、観察カードを5点満点で評価することを指定します。3年生の実態を踏まえ、より平易な表現での回答が望ましいため、「条件」として「小学1年生にも分かる文章表現にする」ことを指定しました。また、ファイル1つに対して3つずつの回答がほしいこと、どのファイルに対する評価なのかを示すためのファイル名の使用についても指定しました。スケッチの読み取りだけでは、違う動植物だと生成AIが判断することがあったので、「観察したもの」という項目に書いてあるキーワードを参照させました。採点条件については、5つの視点を設定しました。

　入力の結果、以下の回答を得ることができました。

生成AIによる観察記録の評価（ChatGPT4）

評価を始めます。添付された観察結果について、各条件に基づいて採点します。

ファイル名: 20240528160525931_0017.jpg

評価: 4点

よくできている点:

1. 色の記載 -「みどり」と記載されており、観察した虫の色を正確に表現しています。
2. 形の記載 -「まるい」と形について記載されており、虫の形状を説明しています。
3. 大きさの記載 -「こゆびくらい」と大きさについても記載されており、観察の詳細が伝わります。

改善点:

1. スケッチの詳細 - 虫の詳細な特徴（例えば足や触角など）がもっと描かれているとより良いです。
2. 背景の追加 - 虫がどのような環境で見られたか（例えば葉の上や土の中など）をスケッチに含めるとさらに理解が深まります。
3. 色の種類 - もし虫に複数の色があった場合、それも記載するともっと具体的です。

2 観察記録の評価を受けた児童の変容

　評価の結果をMicrosoft Teamsのクラスノートブック機能を活用し、児童一人一人に示しました。その際に、生成AIも誤りを含むことなどの指導の時間も設けました。例えば、A児は動植物への興味・関心が高く、活発な児童です。A児のモンシロチョウの卵を観察する様子を見てみると、観察した結果を適切な言葉として観察カードに残すことが苦手なようでした。そこで、生成AIが評価した結果を提示すると、友達の結果と見比べ、言葉のヒントを得ているようでした。モンシロチョウの幼虫を観察する場面では、「先生、これって指の長さと比べられないかな」「第二関節くらいかな」「ただの緑じゃなくて、薄い緑だよ」と観察した幼虫の様子を表現する言葉が増えてきました。実際のA児の観察の記録を比較してみると自己評価後の観察の記録の質が向上していることが分かります（図3）。

　このように、学習者の観察の記録を生成AIに評価させ、その評価をもとに学習者が自己評価を行い、学びの軌跡として蓄積していくことで、**観察の質を向上させる**ことができます。

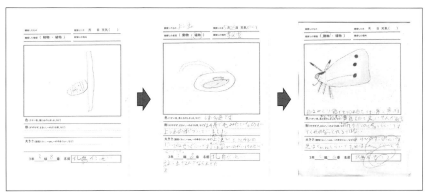

図3：A児の観察の記録（スケッチ）の変容

第5節 結果を可視化する

生成 AI にできること

1 生成 AI でグラフ指導の目的に迫る

　理科の学習では、自然事象に内在している変数間の関係性を明らかにするために実験が行われます。実験では、着目した変数間の関係性の有無に加えて、どのような関係性があるのか考えを巡らせることが大切です。定量的な実験の場合、測定値を表に整理した後、グラフとしても表現します。**グラフを用いることで、実験で着目した変数間の関係性を可視化することができ、どのような関係性があるのか学習者が考えを巡らせやすくなる**のです。

　理科の学習におけるグラフ化にはこのような利点がある一方で、表現する過程で多くの時間を要するという課題があります。日々授業をしている先生であれば、子供たちのグラフの作成に想定以上に時間を要した経験があると思います。先述したように、グラフ化の目的は変数間にどのような関係性があるのかを明らかにすることです。しかしながら、限られた授業時間の中でグラフとして表現することに多くの時間を割けば、本来の目的に十分に迫ることが難しくなってしまいます。

　このような課題解決に期待されるのが生成 AI の活用です。**生成 AI は、実験結果を入力すると短時間で様々なグラフを作成することができます。**

2 生成 AI を活用する副次的な効果

　生成 AI を活用してグラフ作成の時間を短縮することができれば、余剰時間を他の活動に使用できます。

　まずは、グラフ化本来の目的である、**実験で着目した変数間にどのような関係性があるのか考えを巡らせる時間として活用する**ことができるでしょ

う。これまではグラフ化に多くの時間を割き、教師が説明せざるを得ない状況もありました。しかし、生成AIを活用することによって、グラフについて子供たちが議論する時間が生み出されます。議論を通じて自分たちで見いだした関係性が妥当であることを主張するために、例えば学級すべての班の結果を1つのグラフに反映させることを希望する子供が現れそうです。これまでの授業であれば、このような声があれば新たなグラフを作成するために追加の時間を別途確保する必要がありましたが、生成AIを活用した理科授業では学級すべての班の結果をクラウド等で共有し、短時間で1つのグラフとして表現することができます。

次に、**見いだした変数間の関係性を他の事象に適用する学習活動を行う時間として活用する**こともできるでしょう。これまでの授業であれば、「…ということは、○○のときは△△になるってことですか？」という発言など、見いだした関係性を他の事象に適用させようとする子供たちの考えを、限られた授業時間内で実験の結果としてフィードバックすることは困難でした。しかし、生成AIを活用した理科授業では生み出された時間を活用して子供たちの考えを最大限に生かしながら、様々な事象に適用する学習活動を実現することができるようになります。

これらの効果を考えれば、これからの理科授業においては、**学習者や教師が生成AIを活用して結果を可視化していくことに**より、理科の授業がより実りのあるものになると考えられます。本節では、学習者や教師が生成AIを活用することで変わる理科授業の実践を紹介します。

図1：生成AIを活用したグラフ化によって変わる授業のイメージ（DALL・E3を使用して作成）▶

生成 AI を使った実践

1 測定値をグラフ化する

　中学校第 2 学年の電圧と電流の関係を調べる実験について考えてみます。**実験結果を生成 AI に入力することでグラフを作成してくれます**。作成できるグラフの種類には、インタラクティブチャートと静的チャートがあります。本節では、静的チャートで表示されたグラフを使用します。なお、結果の入力は Excel からコピーして貼り付けています。ChatGPT では有料版でないとグラフを作成することができず、グラフを日本語表示にするためには対応するフォントファイルをアップロードする必要があります。

🧠 インタラクティブチャート（左）・静的チャート（右）でグラフを作成する様子（ChatGPT4o）

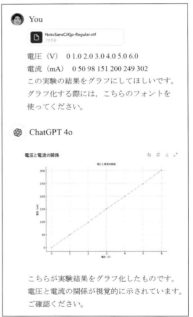

2 すべての班の結果を1つのグラフとして表現する

1つの班のみならず学級すべての班の結果を生成 AI に入力することで、それらを反映させたグラフが作成できます。そのとき、各班の結果を別々の線で表現する方法や、各電圧における結果をそれぞれ平均して1本の線で表現する方法が考えられます。電圧と電流の関係性を明らかにするために、どのようなグラフを用いることで考えの妥当さを主張できるか学級で議論し、**必要とされた表現方法に基づき結果を可視化することができます。**

各班の結果を別々の線でグラフ化する様子 (ChatGPT4o)

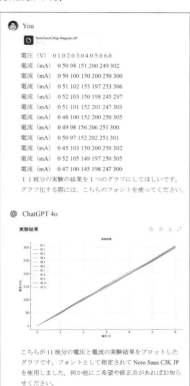

各班の結果を平均し1本の線でグラフ化する様子 (ChatGPT4o)

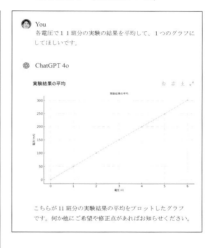

第5節 | 結果を可視化する

3 他の事象に適用してグラフを上書きする

1や2の学習活動を通して、電圧と電流が比例の関係であることを見いだします。しかし、1つの抵抗器でしか実験ができていない段階では、見いだした「きまり」がどのような場面でも適用できるのか自信度は低いでしょう。自信度を高めるために、**見いだした「きまり」を様々な場面に適用する学習活動**を行うことが効果的です。例えば、抵抗の大きさが変わったときでも「きまり」は適用されるのか調べる学習活動を行えば、比例するという「きまり」は別の場面でも適用されることを発見できます。一方で、直線の傾きは変わるという新たな発見につながります。以下は、「1測定値をグラフ化する」の静的チャートで作成したグラフに続けて情報を入力し、新たな線を上書きしている様子です。**生成AIを活用することで見いだした変数間の関係性を様々な場面に適用する時間を生み出し、適用した結果を短時間で可視化できる**ため学習内容の理解度を深めることにもつながります。

「1測定値をグラフ化する」の静的チャートで作成したグラフに追加で情報を入力し、上書きする様子（ChatGPT4o）

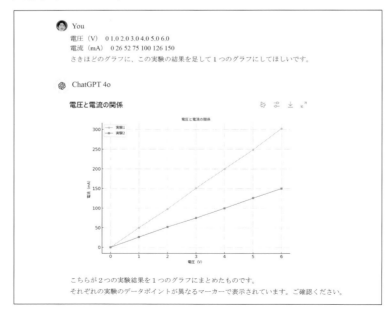

4 多様なグラフを表現する

1〜3は実験で着目した変数間の関係性を調べる場面における結果の可視化について紹介しましたが、生成 AI はこの他にも結果を可視化する様々な表現方法があります。例えば、豆電球を通過する前後 2 点の電流の大きさを比べたいとき、中学校第 2 学年の数学で学習する箱ひげ図を使うことが効果的です。結果を可視化するツールは他にもありますが（e.g., SGRAPA）、**目的に応じてグラフを選択できるのは生成 AI の強み**です。

複数の班の実験結果から箱ひげ図を作成する様子（ChatGPT4o）

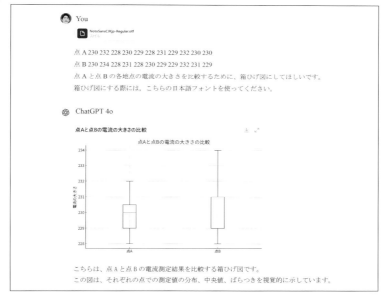

人間と AI の共生において大切なことは、AI を活用して人間の思考をより活性化させることでしょう。AI を活用して結果を可視化することで時間が生み出され、人間が思考する時間を増やすことができます。間接的ではありますが、AI の活用により人間の思考を深めることができるようになります。今後、限られた授業時間で、学校に登校して学級で学ぶことでしか実現できない、人間的な営みを大切にした理科授業が望まれるでしょう。そして、その実現に生成 AI が一役買うことでしょう。

第6節 考察の妥当性を高める

生成AIにできること

1 考察の評価に生成AIはどう役立つのか

　考察は、実験や観察から得られた結果をもとに、仮説を検証し、科学的な結論を導き出すプロセスであり、理科教育において重要な学習活動です。考察が適切に行われていなければ、実験の結果がどれほど正確であっても、その意味を正しく解釈することはできません。このような重要性を持つ考察の質を高めるためには、妥当性を評価し、より妥当な考察へと修正していくことが必要です。その際、考察の妥当性を高めるための支援ツールとして生成AIを活用することが考えられます。

　生成AIは大量のデータを短時間で解析し、視覚化する能力を持っています。学習者が収集した実験結果などのデータを入力することで、データの傾向を視覚的に理解しやすくなり、考察を記述する際に参照することができます。例えば、理科では、複数の班が異なる実験を実施し、傾向をつかむという授業があります。この際、各班の実験データを、生成AIに入力することで、生成AIが複数のグラフを作成します。学習者は、これらのデータやグラフを参照することで自身の行っていない複数の実験結果に基づいた考察を書くことができます。

　また、生成AIは自然言語処理技術を用いて、**学習者の考察の論理的な構造を評価する**ことも可能です。これは、考察が論理的に矛盾していないか、実験結果と問題に対する答え、適用される科学的原理が適切に関連付けられているかをチェックすることを意味します。例えば、Ramesh and Sanampudi（2022）では、AIを用いて自動的にエッセイの論理構造を評価することの有効性を示しています。このように、生成AIは学習者の考察の論理構造が妥当であるかを判断することが可能です。また、生成AIは客観的な視

点から評価を行うため、教師や学習者の主観的なバイアスを排除した公正な評価が期待できます。

2 考察場面で生成 AI を用いる教師側のメリット

　生成 AI は大量のテキストデータを迅速に処理できるため、考察の評価にかかる時間を大幅に削減できます。また、生成 AI は客観的な基準に基づいて考察を評価するため、教師による評価の差異（例えば、理科指導熟達教員と初心者教員間の考察の評価の差異）などを軽減することも可能です。教師の代わりとして生成 AI に評価をゆだねることはできませんが、生成 AI の出力を参考にすることで評価の効率性や客観性を向上させることができます。さらに、生成 AI は考察の文章を類型化することができるため、学級内でどのようなタイプの考察が出ているか、学習者がどの部分でつまずいているかを、教師が迅速に把握することが可能です。これにより、指導の方向性の検討や個に応じた適切な学習支援を提供することができるでしょう。

3 考察場面で生成 AI を用いることの学習者側のメリット

　生成 AI はリアルタイムでのフィードバックを提供できるため、学習者は自身の考察を見つめ直し、その場で何度も改善することができます。例えば、主張の根拠となる実験結果が適切に記述されていなかった場合、生成 AI は実験結果が不適切であることを指摘します。この結果を受け、学習者は、自身の考察における実験結果の不適切さを検討し、修正を書き加えて、また生成 AI に評価させます。このように個人のつまずきに応じたフィードバックが生成 AI から提供されることで、学習者の学びを深めることが可能になるわけです。従来であれば授業時間内に教師が学習者全員の考察にフィードバックを返すことは困難でした。しかしながら、生成 AI を活用することにより、学習者全員が即時に、複数回のフィードバックを得ることができるようになります。このような即時かつ複数回のフィードバックが実施されることにより、学習者の論理的思考力の向上につながっていくことが期

待されます。また、生成AIによる視覚化やインタラクティブなフィードバックは、学習者の学習意欲を高めることにもつながると考えられます。

生成AIを使った実践

1 アーギュメントを例にした生成AIを用いた考察の評価

それでは、実際に、生成AIを使用した考察の評価について紹介します。今回使用する生成AIは「ChatGPT-4o」です。また、理科における考察の具体例として、アーギュメントを構成する考察の場面を想定します。アーギュメントとは、**主張、証拠、理由付けからなる科学的な説明**を指し（McNeill & Krajcik, 2011）、理科教育ではアーギュメントを学習者に指導することが重視されています。

今回は、小学校第3学年「磁石の性質」の内容について、問いに対する回答である「主張」、実験結果である「証拠」、主張と証拠の結び付けである「理由付け」を構成要素とするアーギュメントを構成させる課題を想定します（図1）。課題の具体については、磁石の極が不明なU字磁石の両端（A・B）に棒磁石のN極を近付け、U字磁石と棒磁石がどのように反応し合ったのかが、問題文に記されています。その上で、学習者はU字磁石のA・B

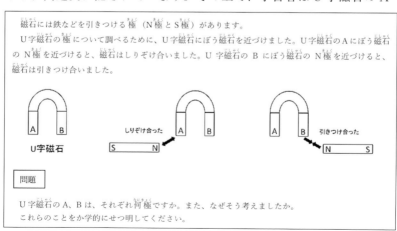

図1：アーギュメントを構成する課題（田中ら，2021）

表1：アーギュメントを評価するためのルーブリック（田中ら，2021）

得点	主張	証拠	理由付け
2	以下の2つが記述されている。 ・AはN極である。 ・BはS極である。	以下の2つが記述されている。 ・U字磁石のAにぼう磁石のN極を近づけると、磁石はしりぞけ合った。 ・U字磁石のBにぼう磁石のN極を近づけると、磁石は引き合った。	以下の2つが記述されている。 ・磁石の同じ極同士はしりぞけ合う。 ・磁石の違う極同士は引き合う。
1	上記の2つのうち1つが記述されている。	上記の2つのうち1つが記述されている。	上記の2つのうち1つが記述されている。
0	・上記の記述がない。 ・誤った主張である。	・上記の記述がない。 ・誤った主張である。	・上記の記述がない。 ・誤った主張である。

どちらがN極であり、どちらがS極であるのか、問題に対する答えと、そのように考えた理由を自由記述するという形式です。今回は、考察の評価なので、このアーギュメントに対する評価の観点と得点を設定します。表1は学習者が構成したアーギュメントを評価するためのルーブリックです。問題文と照らし合わせると、学習者の構成するアーギュメントにおいては、主張、証拠、理由付けを2つずつ記述しなければなりません。そこで、主張、証拠、理由付けの各要素をルーブリックに基づいて2点満点で得点化することとしました。

2 生成AIへの命令書の作成例

　生成AIに学習者の構成した考察を評価させるためには、生成AIに対して明確な役割や評価基準を与えることが重要となります。そこで、表2のような命令書を作成しました。

　命令書の項目は、評価手順、評価基準、児童の構成した考察、出力文とし、各項目に、それぞれの詳細を記載しています。評価基準は、表1のルーブリックの記載事項を文章化して記載しています。ここでのポイントは、一度、児童の考察を入力した命令文を入力し、得られた出力文と、教師自身が評価した内容が一致しているかを検討することです。例えば、評価手順において、「文脈的な推測はしない」と記載しています。これは、試験的に生成

AIで評価を行ったところ、出力文に「明確に記載されていないが、文脈から推測できる」と誤った評価が記載されたため、追記したものです。このように各項目やその詳細について、複数回の修正を加えることで、教師の評価と一致する命令書を作成することが可能となります。

表２：児童の構成した考察を評価するための命令書

> 命令書：あなたは、プロの小学校理科教員です。以下の評価手順と評価基準に基づいて、児童の構成した考察を評価し、考察の評価文を書いてください。
> 評価手順：
> 　1. 児童の構成した考察を主張、証拠、理由付けの各構成要素に分けること。
> 　2. 児童の構成した考察の主張、証拠、理由付けについて、評価基準に基づきそれぞれ得点化すること。文脈的な推測はしない。
> 　3. 評価においては、個に応じたフィードバックを行うこと。
> 評価基準：
> 主張　（①ＡはＮ極である。②ＢはＳ極である。）
> 　・児童の構成した考察に、①②の２つの主張が記述されている場合は２点とする。
> 　・児童の構成した考察に、①②のうち、１つが記述されている場合は１点とする。
> 　・児童の構成した考察に、①②の記述がない場合は０点とする。また、誤った主張である場合も０点とする。
> 証拠　（①Ｕ字磁石のＡに棒磁石のＮ極を近づけると、しりぞけ合った。②Ｕ字磁石のＢに棒磁石のＮ極を近づけると、引き合った。）
> 　・児童の構成した考察に、①②の２つの実験結果が記述されている場合は２点とする。
> 　・児童の構成した考察に、①②のうち、１つが記述されている場合は１点とする。
> 　・児童の構成した考察に、①②の記述がない場合は０点とする。
> 理由付け　（①磁石の同じ極同士はしりぞけ合う。②磁石の違う極同士は引き合う。）
> 　・児童の構成した考察に、①②の２つの理由付けが記述されている場合は２点とする。
> 　・児童の構成した考察に、①②のうち、１つが記述されている場合は１点とする。
> 　・児童の構成した考察に、①②の記述がない場合は０点とする。
> 児童の構成した考察：
> 「ＡにＮ極を近づけるとしりぞけ合い、ＢにＮ極を近づけると引きつけ合ったので、ＡはＮ極、ＢはＳ極だ。」
> 出力文：
> 評価文を書いてください。評価文には、以下の要素を含めてください。
> 　・主張、証拠、理由付けの各構成要素の分析。
> 　・各構成要素に対する得点。
> 　・良かった点と改善点を含む個に応じたフィードバック。
> 　・総合評価。

3 生成AIによる考察の評価例

　以下に示すのは出力された考察の評価文です。命令書に従って、アーギュメントの各構成要素の評価を適切に行うことができました。また、個に応じ

たフィードバックを含むことも可能であるため、学習者自身に命令書を配付し、学習者自身が考察を入力することにより、より迅速なフィードバックを実現することも可能となります。

以上のことから、生成AIを用いた考察の評価は、適切な命令書を作成することによって適切に実行することが可能であり、教師にとっても学習者にとっても多くのメリットがあるといえます。

生成AIによる考察の評価（ChatGPT 4.0o）

評価文

構成要素の分析

1. ** 主張 **
- 児童の考察には、「AはN極である。」「BはS極である。」の2つの主張が含まれている。
2. ** 証拠 **
- 児童の考察には、実験結果として「AにN極を近づけるとしりぞけ合い」「BにN極を近づけると引きつけ合った」と記述されている。
3. ** 理由付け **
- 児童の考察には、磁石の性質に関する理由付け「磁石の同じ極同士はしりぞけ合う」「磁石の違う極同士は引き合う」が明示的に記述されていない。

各構成要素に対する得点
- ** 主張 **：2点（2つの主張が明確に記述されているため）
- ** 証拠 **：2点（2つの実験結果が正確に記述されているため）
- ** 理由付け **：0点（理由付けの記述がないため）

良かった点と改善点を含む個に応じたフィードバック
** 良かった点 **
- 児童は主張と証拠を明確に記述しており、実験結果を正確に捉えている。
- 磁石の性質に基づいて、論理的な結論を導き出している。
** 改善点 **
- 理由付けの部分が記述されていないため、磁石の性質に関する基礎的な知識を補足することが重要である。例えば、「磁石の同じ極同士はしりぞけ合う」「磁石の違う極同士は引き合う」といった基本的な説明を追加することで、考察の説得力が増す。

総合評価
総合得点は4点（6点満点中）です。主張と証拠の部分は非常に良くできていますが、理由付けが欠けているため、そこを補完することで、より完全な考察になります。次回は、理由付けも忘れずに記述するよう心掛けましょう。全体として、論理的に考える力がしっかりと身についていることが伺えます。これからも頑張ってください。

第7節 生成AIによるフィードバックを活用する

生成AIにできること

1 生成AIは学習環境デザインにどのような影響を与えるのか

児童が授業者の働きかけなしで問題解決の力や理科の見方・考え方を自在に働かせ、問題の見いだしから結論の導出までを辿ることは理科において目指すべき姿といえます。しかし、その姿を実現するのは容易ではありません。学級の中には問題解決の力を自発的に使用することが難しく、教師の働きかけによってやっと使用できる児童がいます。他にも自発的に使用することは可能ですが、効果的に使うことができない児童もいます。そのような児童に対しても授業者の働きかけが必要不可欠です。しかし、授業時間内にすべての児童の学習状況を把握し、それに対して即時的に的確なフィードバックをすることは物理的に困難です。

教師の役割がより複雑化・多様化する昨今、生成AIの発展によって日頃の授業はどのようにアップデートされるのでしょうか。2020年に内閣府から「ムーンショット計画」という計画が出されました。これは科学技術の目まぐるしい発展の中で、人々の幸福（Human Well-being）の実現を目指し、10個の目標とともに

評価担当（仮）

児童5の評価

問題解決過程	評価	フィードバック
予想	A	自分の考えと理由がしっかり書かれていて、良い予想です。
考察	A	実験結果をもとにしっかりと考察ができています。素晴らしい！
結論	A	問題に対する科学的な答えがしっかり書かれています。

児童6の評価

問題解決過程	評価	フィードバック
予想	A	自分の予想に理由があって、良い考えです。
考察	A	予想が当たっていることを実験で確認し、さらに疑問を持つ姿勢が素晴らしいです。
結論	B	結論をもう少し詳しく書いて、自分の考えを明確にしましょう。

児童7の評価

問題解決過程	評価	フィードバック
予想	A	予想に対する理由がしっかりしていて、とても良いです。
考察	A	実験結果からの考察がしっかりしており、理解が深まっています。
結論	C	結論が未記入です。実験から得られた知見を基に結論を出してみましょう。

児童8の評価

問題解決過程	評価	フィードバック
予想	B	予想は良いですが、もう少し具体的な理由を加えるとさらに良くなります。
考察	A	実験結果と予想を比較して、半分合っていた点について考えられており、良い考察です。
結論	B	結論には予想と結果から得た学びを書きましょう。もう少し詳しく。

図1：生成AIによるフィードバック

掲げられているものです。その中にアバターを作って1人が数人分の働きを可能にするという目標があります。一見、まだまだ遠いと思いがちですが、発展を続ける生成AIを活用することで私たちの代わりに児童の記述を**即時的にフィードバックする存在**を生み出すことは可能です。今回は生成AIが即時的なフィードバックを行うためのプロンプトや授業展開、実際の授業での児童の記述の変容を紹介します。

❷ 即時的フィードバックを支援する生成AIの構築

　Earlは理科に限らず教科の学習において、教室で行う評価の複雑性を指摘し、評価の構造を図2のピラミッドに整理しました（Earl, 2013）。このピラミッドを参考にすると、学習の評価（of）は全国で行われている学力テストや単元末テストなどを、学習のための評価（for）は授業中の教師による即時的な評価を指します。学習としての評価（as）は、児童自身、もしくは他者による自己の学習の評価を指しています。これらの評価をどれも効果的に用い、円滑に接続することが大切とされますが、実際には授業中における即時的なフィードバックを教室内の児童すべてに行うことは物理的に難しいです。上記の理由から、生成AIで即時的フィードバックを行うためのプロンプトを作成しました。

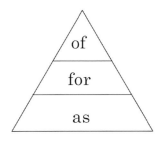

図2：評価のピラミッド（Earl, 2013と石井，2015を参考に作成）

　表1のプロンプトは私が主に使用していたChatGPT-4だけではなく別の生成AIでも活用が可能です。
　このGPTsには理科の考え方や児童と共同構築した評価基準を評価の視点

表1：生成AIによる即時的フィードバックを行うためのプロンプト

```
生成AIプロンプト
────────────────────
電気の利用バージョン

#依頼
あなたは[#役割]です。
[#依頼事項]を[#フォーマット]の形式で、回答して下さい。
[#ルール]と[#評価基準]を守って実行して下さい。

# 役割
的確なフィードバックが得意な日本の小学校教師

#依頼事項
小学生が[#問題]を設定し、児童が[#論文]を書きました。
[#実験方法]と[#結果]を踏まえ、科学的に正しいか [#ルール]と
[#評価基準]に沿って[#問題解決過程]ごとに日本語で評価してください。

#問題解決過程
- 予想
- 考察
- 結論

#問題
豆電球とLEDでは、使う電気の量に違いはあるのだろうか。

#実験方法
コンデンサーに手回し発電で電気をためて、豆電球、LEDがどれくらい
長く点灯するか比較する。手回し発電機を回す回数は20回に揃える。

#結果
32人中32人がLEDの方が長く点灯した。

# フォーマット
- 表形式で出力する
- [児童]ごとに表を分ける
- [#問題解決過程] [A or B or C] [A or Bの場合のフィードバック]
- A=「良い」、B=「もう少し」、C=「未記入or不足多過」の3段階で評価する。

#ルール
- 小学生にもわかるように記述すること。
- [#問題解決過程]ごとに [評価(A or B or C)] を選ぶ。
- [評価 (A or B)の場合の改善点] を記載する。
- [評価 (C)]の場合は記載な。
- 改善点は80文字以内で日本語で簡潔に。
- 評価はBを積極的につけること。

#評価基準
- 予想
  (A=[#視点①]を守って記述できている。B=[#視点①]を全て書いていない。C=未記入)
- 考察
  (A=[#視点④]を守って記述できている。B=[#視点④]を全て書いていない。C=未記入)
- 結論
  (A=[#視点⑤]を守って記述できている。B=[#視点⑤]を全て書いていない。C=未記入)

#視点①
- 問題に対する自分の考えを書いているか。
- 理由を書いているか。
- 生活経験やすべてに学習していることを理由にしているか。
- 文法的に正しいか。

#視点④
- 結果から考えられることを科学的に書いているか。
- 自分の予想と結果を比較しているか。
- 自分の予想とは違う結果になった場合、違う結果になった原因を考えているか。

#視点⑤
- 問題に対する科学的な答えになっているか。

#論文
プロンプトされた文章
```

として盛り込ませることが可能です。「予想」「実験方法」「結果」「考察」を授業者の指示に沿って評価し、改善点をアドバイスします。イメージとしては、教室の中に、学習者と授業者と、もう一つフィードバックの役割を与えられた存在がいるようなものです。評価基準を児童と議論を重ねることで、生成AIがただの授業者の模倣ではなく「児童・授業者の複合体」のような存在に近づけるようにしました。主な使い方は、児童の記述を授業の後半に読み込ませて、即時的にフィードバックされたものをもとに児童が再検討します。生成AIからのコメントはあくまでフィードバックとし、フィードバック後に記述を再検討されたものを授業者が評価するようにしました。このフィードバックを活用することで、児童は自身の記述や思考を深める機会を得ます。生成AIによる授業中のフィードバックは「Assessment Learning（Earl, 2013作成）」における「学習のための評価（for）」や「学習としての評価（as）」に効果的であると考えています。

生成AIを使った実践

1 即時的フィードバックを使用した授業構成

それでは、生成AIによる即時的フィードバックを使用した授業構成を紹介します。小学校第6学年「電気の利用」におけるLEDと豆電球の消費電力の違いを追究する場面を挙げます。

本実践では、PowerPointの共同編集機能を活用して、スライド1枚目には表を貼り、実験結果を記録するようにしました（図3）。豆電球の方が長くついたら「豆」、LEDの方が長くついたら「L」というように学級で共通の記号を書いて記録しました。そうすることで全員が一目で結果を共有できるからです。生成AIとは関係ありませんが、とても有効な手立てです。

児童の記述は、スライド2枚目以降に入力していきます（図4）。出席番号など、どの児童がどのスライドか分かってしまうものでは、学力差が表出されると考え、くじを引き何枚目のスライドに入力するかを決めました。スライドの一番上にはハイフンを30個並べ、次の行に児童○（スライド番号）と事前に記入しておきました。そうすることで、児童ごとにスライドが分かれていることを生成AIが判別できるようにしました。

授業中、すべての児童の記述が完了したら、PowerPointファイルをPDFファイルに出力します。PDFファイルにしたら、結果の共有（スライド1枚目）以外のスライドをすべてコピーして、生成AIのプロンプトにペーストして、生成を実行します。そうすると、児童ごとの予想・考察・結論について、フィードバックが行われます。

PowerPointファイルをそのまま

図3：共通の記号を用いた記録

図4：児童の記述

生成 AI に読みこませればよいのではと思ったかもしれませんが、今の段階では、PowerPoint ファイルや PDF ファイルの読み込みよりもペーストされたベタ打ちの文章の方が圧倒的に正確なフィードバックができました。

❷ フィードバックを受けた児童の記述の変容

以下に、児童の記述と生成 AI のフィードバック、フィードバック後の記述の変容を紹介します。

児童 24 は、予想場面で B 評価を受けました。「違いはあると思う。回した時に手応えが違うから、手応えが大きい豆電球ほど、使う電気の量が多いと思う」と記述していましたが、「もう少し具体的な理由を加えると良いでしょう」というフィードバックを受けて、「手応えが大きいということは、モーターがたくさん働いて電気を出しているということだと思うので、豆電球の方がたくさん電気を使うと思う」という手応えと消費電力の関係についての自分の考えを論じ、それを根拠に予想を立てる姿が見られました。

児童 4 は、結論場面で B 評価を受けました。「使う電気に違いはある。豆電球の方が使う電気が少ない」と結論付けていましたが、「結論の内容が予想と反対になっています。もう一度、結果を確認してみましょう」という

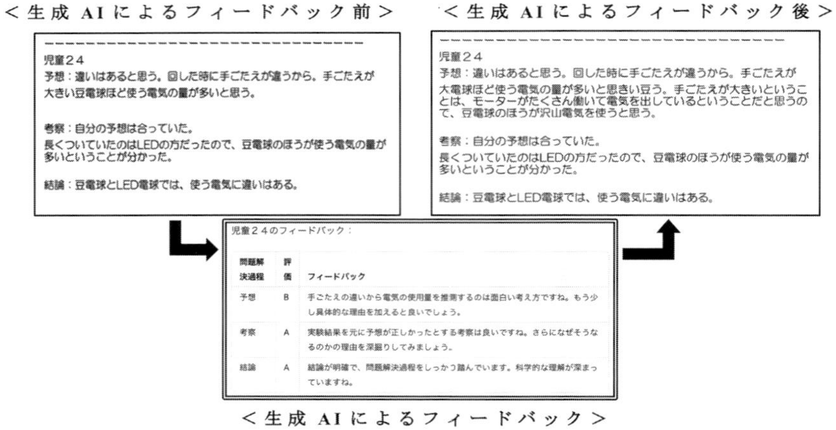

図 5：予想場面におけるフィードバック前後の児童の変容

図６：結論場面におけるフィードバック前後の児童の変容

　フィードバックを受けて、「使う電気に違いがある。LEDの方が使う電気が少ない」と修正しました。授業後に、なぜこのように修正したのかを聞いてみると、点灯時間が短いのは豆電球の方だったので、それを使う電気が少ないと誤って書いてしまったそうです。

　上記のように、**生成AIによる即時的なフィードバックを活用すれば記述の改善だけでなく、思考の深まりまでも期待できる**ことが分かりました。

3 フィードバックに対する批判的思考

　児童と評価基準を共同構築することで、自分たちはどのような視点で努力すべきなのかを明確にすることができます。

　本実践では、予想場面でB評価を与えられても記述を修正していない児童もいました。一見、無気力状態かと判断されてしまいますが、内容を読み解くと十分論理的な考えが書かれていました。なぜ修正しなかったか聞いてみると、「生成AIのフィードバック内容に納得がいかないから」と答えたのです。生成AIのフィードバックを鵜呑みにせず、批判的思考を働かせている姿も見られました。これからも生成AIによる実践を重ねて、よりよい活用方法について追究していきたいです。

第8節 理解度を評価する

生成AIにできること

1 生成AIは学習の評価に使えるのか

2023年3月に公開されたGPT-4は世界に大きな衝撃を与えました。その一例として、米国の司法試験問題をGPT-4に解かせた結果、上位10％に入る成績を収めたということがありました[1]。ではGPT-4は物理学の試験問題を解けるでしょうか？ 興味がわくところです。

ここでいう「AIが問題を解ける」という意味には注意が必要です。この文脈では、生成AIが理科を理解しているかどうかではなく、問題を与えた際に、それらしい解答を出力できるかどうかが論点です。米国司法試験のニュースを聞いた際、筆者はまず自身が行っている授業の試験問題をGPT-4に解かせたらどうなるのか気になりました。さらに、GPT-4に入試問題を解かせた場合、どのような結果になるのでしょうか。生成AIの自動採点への応用は可能なのか、特に記述形式の問題を採点できるかどうかは大変興味深い点です。

本節では、大学入試問題、大学初年レベルの電磁気学の試験問題の解答、数式を交えた証明問題、記述レポートの評価について、生成AIを用いた様子を紹介します。AI技術の発展は凄まじいものがあります。本節の内容は執筆時点（2024年前半）における筆者の経験に基づく内容であることにご留意ください。

2 生成AIは理科の試験問題を解けるか

図1は令和6年度広島大学一般選抜（前期日程）の物理基礎・物理からの抜粋です[2]。

〔Ⅰ〕 図1のように，静止した水平な床の上で，右向きに大きさ a の加速度で等加速度運動をする変形しない箱を考える。この箱の天井から質量 m の質点を糸でぶら下げたところ，角度 θ の位置でつり合った。糸の質量は無視できる。質点にはたらく糸の張力の大きさを T_1 とする。重力加速度は図1の下向きで，その大きさを g とする。ただし，以下の問いで，水平方向は図の左右方向，垂直方向は図の上下方向とする。

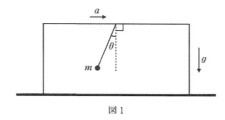

図1

問1 図1における質点の運動について，以下の問いに答えよ。

(1) 箱の外にいる静止した人から観測した場合の，質点の垂直方向の力のつり合いの式と水平方向の運動方程式を示せ。

(2) 箱の中にいる人から観測した場合の，質点の垂直方向の力のつり合いの式と水平方向の力のつり合いの式を示せ。

(3) $\tan \theta$ を求めよ。

図1：令和6年度広島大学一般選抜（前期日程）物理基礎・物理からの抜粋

　この問題を**イメージファイル（PNG）として GPT-4 に読み込ま**せ、「この問題を解いてください」というプロンプトを与えました。

　生成 AI による解答は次ページの通りです。

　解答は正解ですが、(1)と(2)の説明は正しくありません。結果自体は正しいため信じてしまいそうですが、**生成 AI の解答には注意が必要**な例となりました。それでもイメージファイルをアップロードしただけでその内容を読み取って解答できること、それなりに問題を理解しているような振る舞いをしていることが分かります。

生成 AI による入試問題の解答（GPT-4）

(1) **箱の外にいる静止した人から観測した場合の、質点の垂直方向の力のつり合いの式と水平方向の運動方程式を示せ。**
- 質点に働く力を考えると、垂直方向には重力 mg と糸の張力 T の垂直成分 $T\cos\theta$ が働いています。これらが釣り合うための式は次の通りです：$T\cos\theta = mg$
- 水平方向には糸の張力 T の水平成分 $T\sin\theta$ と加速度 a による慣性力 ma が働きます。この運動方程式は次の通りです：$T\sin\theta = ma$

(2) **箱の中にいる人から観測した場合の、質点の垂直方向の力のつり合いの式と水平方向の力のつり合いの式を示せ。**
- 箱の中にいる人から観測すると、見かけの重力加速度 g' が $\sqrt{g^2+a^2}$ になります。したがって、垂直方向の力のつり合いの式は次の通りです：$T\cos\theta = mg$
- 水平方向の力のつり合いの式は次の通りです：$T\sin\theta = ma$

(3) **$\tan\theta$ を求めよ。**
- $\tan\theta$ は $\sin\theta$ と $\cos\theta$ の比から求めることができます：

$$\tan\theta = \frac{\sin\theta}{\cos\theta} = \frac{ma}{mg} = \frac{a}{g}$$

次に、筆者が大学 2 年生向けに行った電磁気学の試験問題を GPT-4 に解答させ、それを筆者が 100 点満点で採点しました。その結果は表 1 の通りです。GPT-4 はかなり高い得点を記録しました。実際、すべての試験で受講生の平均点よりも高い得点を収めました。試験の成績から評価すると、5 段階評価の最上位か 2 番目に相当します。GPT-4 は米国の司法試験問題のようないわゆる文系の問題だけでなく、理科の試験問題に対しても高評価の解答を出力する能力を有しているようです。筆者の経験は限られた範囲ですが、いろいろな分野やレベルの問題に対する系統的な研究は非常に興味深いものがあります。

表 1：大学学部レベルの電磁気学試験における GPT-4 の得点

	GPT-4
X 年中間試験	95
Y 年中間試験	90
Y 年期末試験	62
Z 年中間試験	90
Z 年期末試験	72

生成 AI を使った実践

1 数式の混じる手書きレポートの採点

GPT-4o は理科のかなり高いレベルの問題に対して妥当な解答を出力でき

ることが分かりました。

　テストやレポートの採点に用いてみることにしました。答えが明確な試験問題への応用は比較的容易ですが、評価・採点という観点では、数式による証明問題を評価できるかどうか、さらに手書きの数式を読み取れるかどうかが課題となります。そ

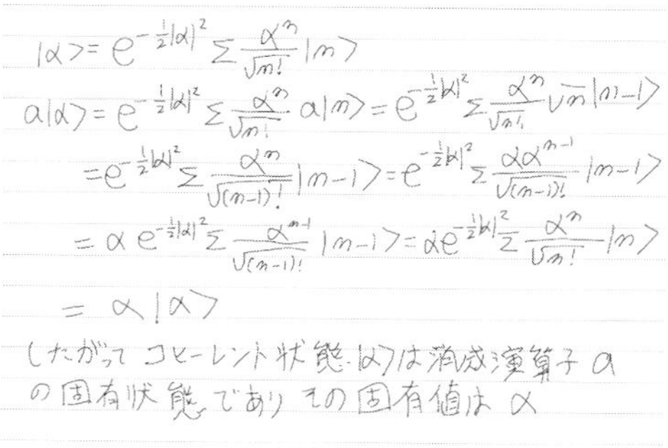

$$|\alpha\rangle = e^{-\frac{1}{2}|\alpha|^2} \sum \frac{\alpha^n}{\sqrt{n!}} |n\rangle$$

$$\hat{a}|\alpha\rangle = e^{-\frac{1}{2}|\alpha|^2} \sum \frac{\alpha^n}{\sqrt{n!}} \hat{a}|n\rangle = e^{-\frac{1}{2}|\alpha|^2} \sum \frac{\alpha^n}{\sqrt{n!}} \sqrt{n}|n-1\rangle$$

$$= e^{-\frac{1}{2}|\alpha|^2} \sum \frac{\alpha^n}{\sqrt{(n-1)!}} |n-1\rangle = e^{-\frac{1}{2}|\alpha|^2} \sum \frac{\alpha \cdot \alpha^{n-1}}{\sqrt{(n-1)!}} |n-1\rangle$$

$$= \alpha e^{-\frac{1}{2}|\alpha|^2} \sum \frac{\alpha^{n-1}}{\sqrt{(n-1)!}} |n-1\rangle = \alpha e^{-\frac{1}{2}|\alpha|^2} \sum \frac{\alpha^n}{\sqrt{n!}} |n\rangle$$

$$= \alpha |\alpha\rangle$$

したがってコヒーレント状態 |α⟩は消滅演算子 â の固有状態であり、その固有値は α

図2：数式混じりの手書きレポートの例

こで図2のようなイメージファイルを読み込ませてみました。その後、与えたプロンプトは以下の通りです。

表2：手書きレポートの採点に対して与えたプロンプト

> これは問題「コヒーレント状態が消滅演算子 α の固有状態であることを示せ」に対する解答である。10点満点で採点せよ。

　問題は大学院レベルの量子光学です。ギリシャ文字は TeX 形式で与えました。以下に示すのが、GPT-4o の出力の抜粋です。手書きの数式を読み取っているだけでなく、大学院レベルの量子光学の問題を評価できているように見えます。

🧠 手書きレポートの解答に対する評価（GPT-4o）

> 与えられた解答の内容を確認します：
>
> 1. コヒーレント状態の定義：$|a\rangle = e^{-\frac{1}{2}|a|^2} \sum_{n=0}^{\infty} \frac{a^n}{\sqrt{n!}} |n\rangle$
> 2. 消滅演算子の適用：$\hat{a}|a\rangle$
> 3. 詳細な計算過程の提示：
>   - $\hat{a}|a\rangle = e^{-\frac{1}{2}|a|^2} \sum_{n=0}^{\infty} \frac{a^n}{\sqrt{n!}} \hat{a}|n\rangle$
>   - $\hat{a}|n\rangle = \sqrt{n}|n-1\rangle$ の適用
>   - 一連の計算の詳細な展開
> 4. 最終結果の確認：$\hat{a}|a\rangle = a|a\rangle$
> 5. コヒーレント状態が $\hat{a}$ の固有状態であり、その固有値が a であることの結論。
>
> ＊＊＊＊以下、省略＊＊＊＊

❷ 抽象的なテーマのレポート問題の採点

今度は理科の問題ですが、論述形式のレポート問題の評価を行います。この場合、評価は2段階で実施しました。まずレポートを評価するための採点基準であるルーブリックを作成します。

表3：ルーブリック作成のプロンプト

> 「放射線防護の指針であるALARAの原理について、400字程度で論ぜよ。」という課題を評価するためのルーブリックを作成してください。10点満点です

作成したルーブリックの概要は以下の通りです。紙面の都合で省略していますが、作成されたルーブリックにはもっと細かい採点基準が示されています。

🧠 生成AIが作成したルーブリック（GPT-4o）

> ALARAの原理についての理解、
> 論理の展開と論理的整合性、
> 具体例や応用の提示、
> 文法・表現の正確さ独自の考察や洞察

このルーブリックを使って、GPT-4oにレポートの採点を実行させました。141件のレポートの採点結果が出るまで1分ほどです。その結果、筆者の採点と比較したところ、筆者とGPT-4の採点の相関係数は-0.16でした。つまり、筆者とGPT-4oの採点には有意な相関が見られなかったのです。同様のことをClaude3 Opusで行った結果、相関係数は0.11であり、こちらも有意な相関は見られませんでした。2つの生成AIの採点と筆者の採点に相関がないということは、筆者の採点に何らかのバイアスがあるのかもしれません。そこでGPT-4oとClaude3 Opusの採点を比較しました。図3がその結果です。こちらも相関係数は-0.095と有意な相関はありませんでした。この結果はさらに調査研究する価値があるでしょう。しかし現時点でも、生成AIに評価理由を出力させ、それを参考に自分の採点を見直すこと

が可能です。**生成 AI を第三者の目として評価をチェックし、比較できることの有用性は大きいと思います**。また、生成 AI による採点は人間に比べて非常に短時間でできます。手動採点の後に生成 AI を参考にして評価を見直すことは、すぐに使える現実的で有効な手法となり得るでしょう。

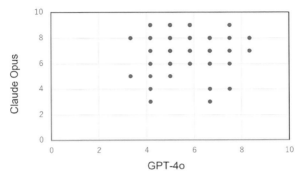

図 3：記述式レポートの採点に関しての GPT-4o と Claude Opus の比較

今後の展望

　GPT-3.5 が公開されてまだ 2 年にもなりませんが、その後 GPT-4、GPT-4o と、GPT だけでも大きな進化を遂げました。教育現場での利用においては、準備に時間を要さず簡単に利用できるという利便性が非常に重要です。特にファイルの読み込みや画像解析などマルチモーダル機能の強化はこれに大きく寄与しています。現時点でも、迅速な採点やフィードバックの提供など実用的なレベルです。今後の技術進展を注視し、教育の質をさらに向上させるために活用していくことが期待されます。

註
[1] https://openai.com/index/gpt-4/
[2] https://www.hiroshima-u.ac.jp/system/files/226990/07m-butsuri.pdf

第9節 批判的思考を働かせる

生成AIにできること

1 批判的思考の育成に生成AIはどう役立つのか

批判的思考は様々な概念を含んでおり、国内外において様々な定義が存在します。しかし、多くの定義に「懐疑的」「合理的」「反省的」といった3つの側面が含まれています（道田，2015）。

> 「**懐疑的な思考**」…情報を鵜呑みにせず、健全に疑う思考
> 「**合理的な思考**」…根拠を重視し、論理的に判断する思考
> 「**反省的な思考**」…自他の考えを反省的に振り返る思考

理科教育において、これらの批判的思考は科学的活動を支える推論過程である科学的思考の土台として働き、問題解決のプロセスにおいて重要な役割を果たしています（楠見，2018）。つまり、理科の問題解決の過程において、得られた情報が正しいかどうか吟味したり、予想・仮説や実験方法などの自分の考えが論理的であるかどうかを反省的に振り返ったりすることが大切になってきます。

生成AIは膨大なデータを学習に使用しており、導き出された実験結果や身の回りの様々な情報が正しいかどうか吟味することを手助けしてくれます。また、ルーブリックを提供して学習者の考えを評価させることで、その考えが論理的なものであるかどうか判断し、振り返るための視点を与えてくれます。これらのことから、生成AIには、**学習者が批判的に考えることを助ける補助者としての役割**を期待することができます。一方で、生成AIは誤った回答を示すことがあることから、**学習者に生成AIの限界に気付かせることも、情報の正しさを吟味させる懐疑的な思考を育む上で重要**だと考え

られます。

　以上のことを踏まえて、本節では、生成 AI を活用して学習者が「懐疑的な思考」「合理的な思考」「反省的な思考」といった批判的思考を働かせる実践を提案します。

生成 AI を使った実践

■1 「懐疑的な思考」を働かせる－「振り子の運動」

　小学校第 5 学年の単元に「振り子の運動」があります。この単元のねらいは、振り子が 1 往復する時間（周期）は、おもりの重さや振れ幅によっては変わらないが、振り子の長さによって変わることを理解できるようにすることです。そして、小学校学習指導要領（平成 29 年告示）解説理科編（文部科学省，2018）には、ここでの実験の留意事項として、「振れ幅が極端に大きくならないように適切な振れ幅で実験を行うようにする」と記述されています。

　このように留意事項として記述されているものの、児童の素朴な考えとして、70 度や 80 度などといった大きい振れ幅で実験を構想することがあります。そして、実際にこの考えをもとに実験を行うならば、周期の長さは振れ幅によって変わります。中山・木下（2022）は、振れ幅を 10 度から 80 度まで 10 度おきに変えたときの周期を児童に調べさせました。そして、「振れ幅が 10～30 度までは周期は変わらないが、振れ幅が 40 度以上になると少しずつ長くなる」という結果が示されています。

　しかし、理科の教科書には、振れ幅の大きさと周期の長さには関係がないと記述されています。また、この児童の素朴な考えをもとに実験を行わせた場合、振れ幅の大きさを変えたときの周期の長さの違いはわずかであり、グループによっては、振れ幅の大きさによって周期の長さは変わらないという結果を導くことも考えられます。

　このように、自分たちが導いた実験結果と教科書の記述内容や、グループごとに導いた実験結果が異なる場合、学習者はこれらの情報は本当に正しい

のだろうかと疑う「懐疑的な思考」を働かせます。その際、生成 AI を活用してこの矛盾点について質問して回答を求めることで、これらの情報の妥当性を吟味するための新たな情報を得ることができます。ここでは、ChatGPT3.5 を用いた実際の対話の例を紹介します。

🧠 **周期に影響を与える要因について尋ねている様子（ChatGPT3.5）**

> **You**
> あなたは理科の教師です。振り子の運動について尋ねます。小学校の教科書には、振れ幅の大きさと周期の長さは関係ないと記述されていました。しかし、実際に実験すると、振れ幅が30度以上になると周期は長くなりました。どちらが正しいのでしょうか。小学生でもわかるように簡単に説明してください。
>
> **ChatGPT**
> 実際の振り子の実験から得られた結果は、振れ幅が大きくなると周期も長くなるということです。しかし、小学校の教科書では振れ幅の大きさと周期の長さには関係ないと書かれています。これらの矛盾した情報の背後にあるのは、振り子の運動が単純な場合と複雑な場合があるということです。
>
> 教科書の記述は、振り子の運動が小振幅である場合に適用されます。小振幅の振り子の場合、振れ幅の大きさと周期の長さはほとんど関係ありません。これは、振り子の運動が周期が一定であると仮定した場合の理論的な結果です。
>
> しかし、実際の実験では、振れ幅が大きい場合、つまり30度以上の場合、振り子の運動は複雑になります。この場合、振り子の周期は振れ幅に影響を受けることがあります。振れ幅が大きいほど、重力が振り子の運動に与える影響が大きくなり、周期が長くなる傾向があります。
>
> したがって、両方の情報は正しいですが、振り子の運動の状況に応じて適用されるかどうかが異なります。小振幅の場合は教科書の記述が適用され、大振幅の場合は実験結果が適用されます。

　対話の中で生成 AI は、30度以上の場合は「周期が長くなる傾向があります」、小振幅の場合は「振れ幅の大きさと周期の長さはほとんど関係ありません」と回答し、「小振幅の場合は教科書の記述が適用され、大振幅の場合は実験結果が適用されます」とまとめています。そこで、この**生成 AI の情報に対しても「懐疑的な思考」を働かせながら、再度実験を行わせます**。このように、生成 AI は、実験結果や教科書などの様々な情報が正しいかどうか吟味することを手助けしてくれます。

2 「合理的な思考」や「反省的な思考」を働かせる－「植物の発芽」

　生成 AI にルーブリック（評価基準）と学習者の考えを入力します。そして、ルーブリックに従って学習者の考えを評価するよう入力すると、生成

AIはそれらを評価し、改善するための視点を与えてくれます。学習者はフィードバックをもとに、自らの考えを反省的に振り返る「反省的な思考」を働かせることができます。その際、学習者に自らの考えを論証構造に従って記述させるならば、論理性の矛盾点についても指摘してくれるため、学習者は「合理的な思考」を働かせることもできます。

中山ら（2017）は、小学校第5学年「植物の発芽」の発展課題として「植物の発芽に必要な空気の成分は何か」を設定した授業を行いました。そして、予想や考察における自分の考えを図1に示すトゥールミンの論証構造に沿って書くよう指示しました。論証構造は、「主張」とその主張を裏付ける「証拠」、そして主張と証拠を結び付ける「理由付け」の3要素から構成されます。

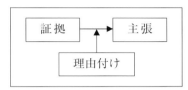

図1：論証構造（Toulmin, 1958）

この実践において、ある学習者は「一番必要な成分は酸素だろう。植物は、呼吸をする際、酸素を使っている。発芽の際にも呼吸をして、酸素を使うと思うから」と予想しました。そこで、この自分の予想を振り返り、改善する視点を得るために生成AIを使用します。その際、学習者にはルーブリックを与え、そのルーブリックとともに自分の考えを入力させます。学習者は、生成AIからのフィードバックを参考にしながら予想を振り返り、論証構造を改善します。

次ページに示す事例では、主張、証拠、理由付けの3要素が予想に含まれているかを4点満点で評価するよう、生成AIに指示しています。

生成AIは、理由付けが明示されていないことに対して、「発芽に酸素が必要であると論理的に導いている部分がありません」と回答しています。学習者は、この回答から、植物の成長と発芽を結び付ける理由付けを記述するという視点を得ることができます。そして、この**生成AIの回答から得た視点をもとに、「合理的な思考」や「反省的な思考」を働かせながら、自分の予想を振り返り、改善を図る**ことができるのです。

ルーブリックを用いて自分の予想を評価させている様子 (Claude 3.5)

> **DN** あなたは理科の教師です。「植物の発芽に必要な空気の成分は何か」という課題に対して、学習者の書いた予想の論証構造を以下のルーブリックに従って評価してください。
>
> # ルーブリック
>
> 4点：【課題に対する主張】と【主張を支える複数の証拠】と【主張と証拠を結び付ける論拠】の全てを記述している
>
> 3点：【課題に対する主張】と【主張を支える単一の証拠】と【主張と単一の証拠を結び付ける論拠】の全てを記述している
>
> 2点：【課題に対する主張】と【主張を支える証拠】を記述しているが、【主張と証拠を結び付ける論拠】を記述していない。
>
> 1点：【課題に対する主張】のみを記述している。
>
> 0点：何も記述していない。
>
> # 学習者の書いた予想
>
> 一番必要な成分は酸素だろう。植物は、呼吸をする際、酸素を使っている。発芽の際にも呼吸をして、酸素を使うと思うから。

学習者の記述を評価すると、ルーブリックに従えば2点となります。

【課題に対する主張】：一番必要な成分は酸素だろう。

【主張を支える証拠】：植物は呼吸をする際、酸素を使っている。発芽の際にも呼吸をして、酸素を使うと思う。

しかし、【主張と証拠を結び付ける論拠】が明示されていません。植物の呼吸に酸素が必要なことと、発芽時にも呼吸が行われるという前提から、発芽に酸素が必要であると論理的に導いている部分がありません。

論拠を補足するには、例えば「植物は成長するために呼吸が必要不可欠で、その際に酸素を消費する。発芽は成長の最初の段階であるから、発芽にも酸素が不可欠である」などと記述する必要があります。

主張と証拠の関係を明確に論理立てて説明することで、予想により説得力が出てきます。現状は主張と証拠は適切ですが、論拠が不足しているので2点評価となります。

❸「懐疑的な思考」を働かせる―「水溶液の性質」

　生成AIの情報に対しても「懐疑的な思考」を働かせなければなりません。生成AIの回答がいつも正しいとは限らないこと、つまり生成AIの限界を学習者に気付かせる必要があり、そのための学習活動を仕組むことが考えられます。

　小学校第6学年「水溶液の性質」では、5種類の水溶液（炭酸水、塩酸、アンモニア水、石灰水、食塩水）を見分ける方法を計画し、生成AIを使っ

てその計画を評価させます。その際、学習者が生成 AI からのフィードバックをそのまま鵜呑みにすることを避けるにはどうすればよいでしょうか。

一つの対策として、生成 AI の限界を学習者に気付かせるために、科学的に誤った実験計画を入力しても、生成 AI はその誤りを検出できないという事例を示すことが考えられます。例えば、アルカリ性であるアンモニア水と石灰水を見分ける誤った方法を入力し、生成 AI に評価させると以下のような出力が得られました。

5 種類の水溶液を見分ける実験方法を評価させている様子（Copilot）

> **自分**
> あなたは小学校の理科の教師です。5本の試験管にそれぞれ塩酸、炭酸水、アンモニア水、石灰水、食塩水が入っています。どの試験管にどの水溶液が入っているか以下の実験方法で確かめようと思います。正しいかどうか判断してください。
> 1. リトマス試験紙に5種類の水溶液を付けます。リトマス試験紙が青から赤に変わったら酸性なので、塩酸か炭酸水だと分かります。リトマス試験紙が赤から青に変わったらアルカリ性なので、アンモニア水か石灰水だと分かります。リトマス試験紙の色が変わらなかったら中性なので、食塩水だと分かります。これで、食塩水の試験管がどれか分かります。
> 2. 塩酸か炭酸水が決定するために、両方の試験管に鉄を入れます。泡を出して鉄が溶け始めたら塩酸だと分かります。鉄を入れて反応がなかったら炭酸水だと分かります。
> 3. <u>アンモニア水か石灰水が決定するために、両方の試験管に二酸化炭素を入れます。水溶液が白く濁ったらアンモニア水だと分かります。水溶液が白く濁らなかったら石灰水だと分かります。</u>
>
> **Copilot**
> この実験方法は一般的なものであり、酸性、アルカリ性、中性の水溶液を判定するために使われます。それでは、各試験管の水溶液を判断してみましょう。
> 1. **リトマス試験紙の色変化**：
>   - リトマス試験紙が青から赤に変わった場合、それは**酸性**を示します。したがって、塩酸か炭酸水が入っている試験管です。
>   - リトマス試験紙が赤から青に変わった場合、それは**アルカリ性**を示します。したがって、アンモニア水か石灰水が入っている試験管です。
>   - リトマス試験紙の色が変わらなかった場合、それは**中性**を示します。したがって、食塩水が入っている試験管です。
> 2. **鉄の反応**：
>   - 鉄を入れて泡が出て鉄が溶け始めた場合、それは**塩酸**を示します。
>   - 鉄を入れて反応がなかった場合、それは**炭酸水**を示します。
> 3. **二酸化炭素の反応**：
>   - <u>両方の試験管に二酸化炭素を入れて、水溶液が白く濁った場合、それは**アンモニア水**を示します。</u>
>   - <u>水溶液が白く濁らなかった場合、それは**石灰水**を示します。</u>
>
> これらの手順に従って、各試験管の水溶液を判断してください。
>
> ："リトマス試験紙"は、酸性とアルカリ性の判定に使用される指示薬です。："鉄"は、塩酸と炭酸水の判定に使用されます。："二酸化炭素"は、アンモニア水と石灰水の判定に使用されます。

（下線部は筆者による）

このように、誤った方法（情報）を入力しても、生成 AI は修正することなく、二酸化炭素を入れて水溶液が白く濁ったらアンモニア水、白く濁らなかったら石灰水、と回答しています。こういった事例を提示することで、**生成 AI の出力に対しても「懐疑的な思考」を働かせる必要がある**ことを学習者に気付かせることができます。そして、それを踏まえた上で、自分たちの考えた方法や生成 AI の評価結果を吟味することによって、情報を健全に疑うことができると考えられます。

第10節 主体的に学習に取り組む

生成AIにできること

❶ 主体的な学習とは何か

　理科の授業において「主体的」でなければならないのは、観察や実験をはじめとした**授業内の行為や具体的操作よりも、自然の事物・現象を科学的に解釈できるなどの心的・認知的な意味においてである**と考えます。多くの理科の授業を見てみると、観察や実験の場面までは熱心に活動に取り組んでおり、その行為や具体的操作に対して「主体的」に取り組んでいることが分かります。一方で、「得られた結果を分析して解釈する」などの科学の「問題」を解決する場面において、科学的に解釈させることができておらず、心的・認知的な意味で「主体的」に学習に取り組むことができていない実態が散見されます。

　筆者はこれまでに、あらかじめ教科書を読んで、その記述に「分からない文」「納得できない文」などを科学の「問題」として発見し、その解決を通して「主体的な学習」となるような場面を設定してきました。具体的には、学習者が発見した「問題」をグループ内で相談し、解決を目指します。グループ内で解決できていない「問題」をGoogleフォームを用いて学習者全体に周知します。そして、その「問題」が反映されたGoogleスプレッドシート上で、解答の分かる問題について、解答の根拠を示した上でお互いに解決し合います。このような仕組みを「FUCHU！知恵袋」と呼んでいます。この仕組みによって、学習者が学級の枠を超えて科学の「問題」を解決することができます。本節では、「FUCHU！知恵袋」にChatGPTを組み込むことで、生成AIにも自らの「問題」を投げかけることができるようにし、**従来の学習者同士で出し合う科学の「問題」に対する解答と、生成AIが出す解答を比較検討しながら、自らの「問題」を解決していく「主体的な**

学習」ができるように促す実践を紹介します。

2 Google スプレッドシートに GPT 関数を組み込む

　本事例では、ChatGPT を GPT 関数として Google スプレッドシートに組み込むことで、ChatGPT に質問した「問題」とその解答が Google スプレッドシート上に反映できるようにしました。これにより、学習者同士で出し合う科学の「問題」に対する解答と、生成 AI が出す解答を簡単に比較検討しながら、自らの「問題」を解決していく「主体的な学習」を促すことができると考えます。

　Google スプレッドシートに GPT 関数を組み込むための具体的な操作方法については、武井一巳著『10 倍速で成果が出る！ ChatGPT スゴ技大全』（翔泳社）などが参考になります。

　Google スプレッドシートで ChatGPT が使えるようになると、ChatGPT に質問や指示を出すのと同じように、Google スプレッドシートのセルに質問を入力し、これを GPT 関数で指定すれば、ChatGPT の回答を Google スプレッドシートで表示できるようになります。例えば、図 1 のように、A1 セルに ChatGPT へのプロンプトを記入し、ChatGPT の回答を B1 セルに表示するには、B1 セルに、GPT 関数を入力します。

　以上のようにすると、B1 セルに A1 セルの回答が表示されます。ChatGPT のページを開いてプロンプトを入力するといった具体的な操作なしで、ChatGPT を利用して質問の回答が得られるわけです。プロンプトを

図 1：A1 セルの質問の ChatGPT の回答を B1 セルに表示させる
（Google スプレッドシート）

入力し、その回答を得るという操作は変わりありませんが、あらかじめGoogle フォームの回答を Google スプレッドシートで表示できるようにしておき、自分が疑問に思った質問を Google フォームで送信するだけで、GPT 関数を利用して ChatGPT の回答を表示することができます。さらに Google スプレッドシートに、学習者同士の回答も表示し合うことができるようにしておくことで、**学習者の科学の「問題」に対する解答と、生成 AI が出す解答を簡単に比較検討しながら、自らの「問題」を解決していく「主体的な学習」を促す**ことができます。

生成 AI を使った実践

1 これまでの「FUCHU！知恵袋」

　理科の授業において、教科書を授業で積極的に活用する「三読法」を採用しています。「三読法」は、単元もしくは小単元の全体を通し、学習内容を概観しておおよそ把握する「通読」、問題を発見し、観察・実験を通して問題を解決していく「精読」、単元末や小単元末において、精読によって解決された個々の問題と、その結果読み解いた部分の文を元の文脈に戻して意味を再構成させる「味読」の三段階から構成されます。

　まず「通読」において、学習者は教科書を読んで、その記述の中に「分からない文」「納得できない文」を科学の問題として発見し、グループで相談して解決を目指します。

　次に、あらかじめ作成しておいた Google フォームにグループで解決できない「問題」を、学習者が入力して送信し、全体に周知します。他の学習者は Google スプレッドシート上に反映された他の学習者の問題を見ることができます。「精読」をしていく中で解答が分かる問題に対し、解答の根拠を示した上で解答して、学習者同士で互いに解決します。

　『FUCHU！知恵袋』の大きな特徴は、同じ学級にいなくても様々な解答が得られ、図2のように、学級の枠を超えて問題を解決することができる点です。

図3は、中学校第2学年「化学変化と原子・分子」の「FUCHU！知恵袋」です。

「教科書を読んで生じた疑問を仲間に聞いたり、『FUCHU！知恵袋』で解決したりした方法についてどう思いますか」と生徒に聞いたところ、「分からな

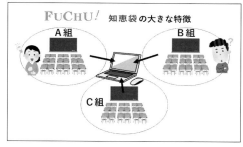

図2：「FUCHU！知恵袋」の大きな特徴

いことを他の人と共有することでより学びを深めることができると思います。分からないことがある人はそれを解決しようといろんな人の考えを聞くことができるし、解決しようと話している人も、相手に伝えようとしていろんなことを考えて説明していくので、どちらともによいことがあると思います」というように、疑問を投稿した生徒と解答した生徒の両方にとってメリットがあるという回答や、「いいと思います。分からなかったことをみんなに聞いて、たくさんの人に一気に聞けるから便利です。あと、みんなの疑

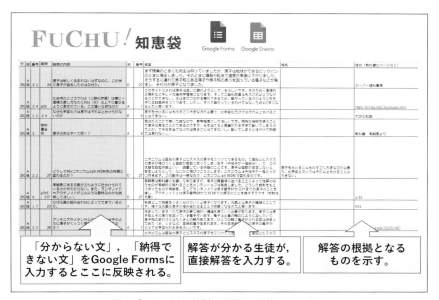

図3：「FUCHU！知恵袋」に学習者が解答している様子

問も見られて、その答えを見ることで学びが深まります」というように、他の生徒の疑問とその答えを見ることで自らの学びも深まるという肯定的な回答が多数見られました。

2 「FUCHU！知恵袋」にChatGPTを組み込む

図4のように「FUCHU！知恵袋」にChatGPTを組み込んだものを示しました。これを「FUCHU！知恵袋GPT」と呼ぶことにします。**学習者同士の解答の右隣のセルにGPT関数を組み込むだけで、学習者同士の解答とChatGPTの解答を簡単に比較検討することができます。**

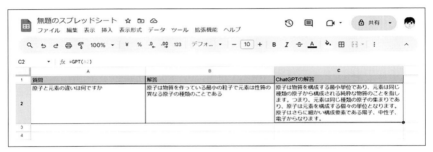

図4：「FUCHU！知恵袋GPT」の様子

3 「FUCHU！知恵袋GPT」の今後の展望

図4から分かるように、「原子と元素の違いはなにか」という学習者の質問に対し、学習者の解答とChatGPTの解答を比較すると、得られる情報が大きく異なります。「FUCHU！知恵袋GPT」の大きな特徴となり得るのは、「FUCHU！知恵袋」にChatGPTが入ることで、比較検討の余地が広がることであると考えます（図5）。

もちろん、**ChatGPTの解答の方が内容的には詳しく書かれていますが、得られたい情報を的確に得られているとは限りません。**むしろChatGPTの解答には、「概念」「陽子」「中性子」など、学習者の発達段階によっては意味が理解できなかったり、理解するのに時間がかかったりすることが考えら

れます。また、**時としてChatGPTが誤った情報を出してしまう、いわゆる「ハルシネーション（幻覚）」を起こすことがある**ことも考えられます。以上のことから、「FUCHU！知恵袋GPT」を運用するためには、表1の3つのポイントに注意する必要があります。

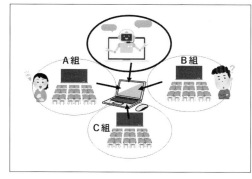

図5：「FUCHU！知恵袋GPT」のイメージ

表1：「FUCHU！知恵袋GPT」を運用するための3つのポイント

【ポイント】
①学習者が求めている質問の解答を適切に得られたり、質問の解答を理解できたりするようにするために、質問の内容を工夫する。
②ChatGPTの解答が必ずしも正しいとは限らないという可能性を忘れない。
③ChatGPTの解答をそのまま鵜呑みにするのではなく、他の学習者から得られた解答と必ず比較検討し、学習者が求めている解答であるかを適切に吟味する。

これらのことを適切に注意しながら、「FUCHU！知恵袋GPT」を運用することで、学習者の「主体的な学習」を促すことが期待されます。

第11節 対話を通して学習を深める

生成AIにできること

1 理科学習における対話的な学び

　現行の学習指導要領においては、主体的・対話的で深い学びの視点からの授業改善が求められています。ここで、対話的な学びとは、「子供同士の協働、教職員や地域の人との対話、先哲の考え方を手掛かりに考えること等を通じ、自己の考えを広げ深める」ことであるとされています（文部科学省, 2017）。理科の授業においては、自然の事物・現象について子供同士が話し合ったり、地域の専門家と意見を交流したり、様々な科学者の考え方から手掛かりを得るなど、様々な対話の機会があります。また、中学校理科で重視されている探究の各過程においては、子供同士が意見交換や議論、相互評価を行う場面が多数存在します。

　それでは、生成AIの登場は対話的な学びに何をもたらすでしょうか。第一に、人ではない人工知能との対話という新しい学習機会を提供します。生成AIは教職員や専門家と同等かそれ以上の知識を有しており、学習者はそれらを参照することができます。また、学習者が考えることを促す支援ツールとしても機能します。第二に、学習者の積極的な対話を促します。生成

図1：生成AI時代の対話の形

AIに対しては、信頼関係を築くことなく何でも自由に聞くことができるため、積極的な対話が促進されます。第三に、子供同士の対話を促進します。生成AIの提案した新しい視点に基づき子供同士が対話をすることで、議論の幅が広がり、より深い学びが実現します。以上のような生成AI時代の対話の形は、図1のように表すことができます。

　学習者が他の学習者と対話し、その考えをもとに生成AIと対話する、また、学習者が生成AIと対話した内容を他の学習者に伝え、対話するなど、様々な対話が生まれます。これまでは、生徒同士、教師や地域の人、先哲の考えという4方向での対話が推進されてきましたが、生成AIを利用することで、より対話の幅が広がり、自己の考えを広げ深める「対話的な学び」の実現が可能になるのです。

　生成AIとの対話を考える際、気を付けなければならないのが、生成AIが課題に対する解答を答えてしまうことや「ハルシネーション」を引き起こすことです。そのため、教師が事前に生成AIを利用し、学習者が生成AIと対話する際に入力するであろうプロンプトをいくつか試しておかなければなりません。また、子供たちにもハルシネーションへの理解を促す必要があります。

2 探究の各段階に特化した生成AIの設定

　子供たちの入力に対して、生成AIが直接的な回答を出せば、そこで子供たちの思考は終わってしまいます。そのため、生成AIにはあくまでも子供の思考を促す補助的な役割を担ってもらわなければなりません。本節では、リートン社の提供するAIキャラの作成機能を使用し、特定の探究の段階において、学習者の思考を支援することに特化したAIキャラを作成しました。具体的には以下の3つです。

○仮説の設定　　　→　仮説設定お助けくん
○計画の立案　　　→　実験計画たてるくん
○振り返り　　　　→　振り返りまなぶさん

探究の段階に応じて、学習者の思考を促す内部のプロンプトを変えておくことで、子供たちの対話を促すことを実現します。

　1つ目の「仮説設定お助けくん」では、表1の5段階のステップバイステップで仮説設定を補助するよう設定しています。

表1：「仮説設定お助けくん」5段階のステップバイステップ

```
#1  学習課題を特定する
#2  学習課題に関連する情報を集める
#3  原因や結果となる変数を特定する
#4  変数間の関係を検討する
#5  仮説を文章で表現する
```

　2つ目の「実験計画たてるくん」では、表2の6段階のステップバイステップで実験計画の立案を補助するよう設定しています。

表2：「実験計画たてるくん」6段階のステップバイステップ

```
#1  学習課題を特定する
#2  学習者が考えた仮説を特定する
#3  実験の目的を明確にする
#4  実験方法・手法を検討する
#5  実験の手順を箇条書きで表す
#6  実験の安全性を意識させる
```

　3つ目の「振り返りまなぶさん」では、4段階のステップバイステップで振り返りを補助するよう設定しています。学習したことについて批判的に考え、改善すべき点を特定し、今後の学習の目標設定を促します。

表3：「振り返りまなぶさん」4段階のステップバイステップ

```
#1  今回の授業で何を理解したかを学習者に尋ねる
#2  学習者の意見をもとに、次の授業へ向けたフィードバックを行う
#3  今回の授業で疑問に思ったことと、わからなかったことについて尋ねる
#4  学習者の回答に基づき、次回の授業に向けてアドバイスをする
```

各 AI キャラについては、以下のような制約条件も設定しています。

・あなた（AI）は支援者であって、答えや科学的に何が正しいかを教えてはいけません。
・仮説（or 実験計画）が科学的に正しいかどうかを教えてはいけません。
・科学的知識を教えてはいけません。例えば、密度の定義などは教えずに、同じ体積当たりで比べるといったヒントを出します。
・ヒントを求められるまで、仮説（or 実験計画）の候補を出してはいけません。
・中学生（13 歳以上）が理解できる日本語表現を使用してください。

生成 AI を使った実践

対話を促すために、ただ生成 AI を利用すればよいのではありません。生成 AI をどのタイミングでどのように利用させるかが重要です。生成 AI を子供たちに利用させるタイミングについては、以下の 2 つのパターンが考えられます。

1 個人→生成 AI→集団の順で対話する

まずは個人で思考し、その思考した内容を生成 AI に投げかけ、妥当性を検討します。続いて、生成 AI とのやりとりで強化された個人の考えをもとにグループで対話し、全体へ発表するという展開が考えられます。この順番のメリットとして、生成 AI との対話を通して個人の考えが洗練されたり、自力では個人の考えを持てない子であっても生成 AI の支援を受けて

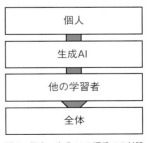

図 2：個人→生成 AI の順番での対話

考えを形成できたりすることなどが挙げられます。また、生成AIが誤った出力を返したとしても、グループや全体での議論を通して、その妥当性を検討することができます。

　具体例として、「仮説設定お助けくん」を使用して中学1年生が個人で仮説を設定した例を紹介します。ここでは、「アサリの砂出しをするにはどのような環境がいいのだろうか」という課題について、生徒が生成AIと対話しながら仮説を立てています。この生徒は、塩水のみが重要だと考えていましたが、生成AIの指摘によって他の変数を検討することを促されています。また、その後のグループでの議論では、塩水の濃度を検討する必要性に気付いていました。

仮説設定お助けくんを使用した際のやりとりの抜粋（リートン）

ステップ1
生成AI：学習課題を教えてください。
生徒：アサリの砂出しをするにはどのような環境がいいのだろうか。

ステップ2
生成AI：アサリの砂抜きについて、あなたが知っていることを教えてください。例えば、
・アサリはどのような環境で砂抜きをするのか
・砂抜きをする際のアサリの動きや様子
砂抜きをすることでアサリにどんなメリットがあるかなどの情報があれば共有してください。
生徒：アサリは海、主に干潟に生息しているので、塩水の中にアサリを入れればよいと思う。
生成AI：なるほど、アサリは本来の生息環境である干潟の塩水の中に置けば、砂抜きをする可能性が高いということですね。貴重な情報をありがとうございます。

ステップ3
生成AI：次に、アサリが砂抜きをするかどうかに影響を与える変数を特定しましょう。変数とは、原因または結果となる要因のことです。あなたが考えられる変数は何でしょうか？塩水の有無以外にも、複数の変数があると思います。

2 グループ→生成AI→全体の順で対話する

　グループで対話した内容を生成AIに投げかけ、その妥当性を検討してから全体へ発表するという展開も考えられます。これまでは、個人で考えてから他の学習者と話し合うというパターンがほとんどでしたが、生成AIを利用することにより、グループでの対話の幅が広がったり、新しい視点が与えられたりします。また、グループで生成AIを利用すると、プロンプトを話し合ったり、生成AIの返答について議論したりすることで、更なる対話を促すことができます。

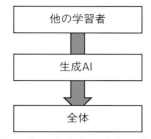

図3：グループ→生成AIの順番での対話

　具体例として、「実験計画たてるくん」を使用して中学1年生がグループで実験計画を立案した例を紹介します。ここでは、アサリの砂出しに影響する要因を確かめる実験について、グループで話し合いながら生成AIと対話する様子を示しています。このように、生成AIとの対話を通して、学習を深めることができます。

実験計画たてるくんを使用した際のやりとりの抜粋（リートン）

> 生成AI：それでは、この仮説を検証するための実験の目的を具体化しましょう。実験によって何を明らかにしたいのか目的を述べてください。
> [ステップ3]
> グループ：アサリの砂出しをするにはどのような環境にすればよいのか。
> 生成AI：分かりました。実験の目的は「アサリが砂出しをするための最適な環境条件を明らかにする」ということですね。次に、その目的を達成するための実験
> [ステップ4]
> 方法や必要な器具、材料を考えましょう。例えば、海水に近い環境を作るために何が必要でしょうか？温度調節や塩分濃度の調整は必要でしょうか？アサリの砂出し具合を観察するための器具は？できるだけ具体的に、実験に必要な手段を挙げてみてください。分からない場合はヒントを出しますので、遠慮なく聞いてください。
> グループ：温度が15度前後で、塩分濃度が3.4％

第12節 学習意欲を高める

生成AIにできること

学習意欲は、学びたいという意志や欲求の心理状態を表す総称であり、教育心理学などで「動機づけ」として研究が行われています。「動機（motive）」とは、目標を設定し、行動を起こし継続する推進力を指し、その目標の達成に向けて行動し続けるプロセスのことを「動機づけ（motivation）」といいます。動機づけ理論は、動機づけの中核を認知論、欲求論、感情論、環境論など異なる立場から捉える諸理論が挙げられます。本節では、特に感情論である興味と、近年着目されつつあるエンゲージメントに関する理論を紹介します。このエンゲージメントに関する理論は多次元的な概念であり、認知的側面、感情的側面、行動的側面の3つから捉えていることが多い理論です（Christenson et al., 2012）。

1 学びに向かうきっかけ：興味

興味（interest）とは、ある特定の対象に注意を向け、それに対して積極的に関与しようとする心理状態を意味します（鹿毛, 2013）。この興味については、様々な捉えがありますが、大きく二つのタイプがあります（Krapp, 2002）。一つは個人的興味（personal interest）で、これはその人がパーソナリティとして比較的安定的に持っている興味であり、自身の自己概念や価値観と関係の深いものとされています。もう一つは、状況的興味（situational interest）で、その場の環境によって喚起されるものです。具体的な授業の文脈で、これらの興味の発達を段階的に見ていくと、まず、状況的興味の喚起は、授業の導入で見た不思議な現象に興味を持つ、理科の実験操作が面白いと感じるといった興味が生じる段階です。次に、その状況的興味を維持するために、実験や教材などの学級環境や学び方などにより、持続的な状況

的興味へとつながる段階があります。そして、興味が状況的なものから安定した個人的興味へと変容する段階、好みや個々の単元や領域からある教科全体への興味に変容する段階へと移行します。最後に発達した個人的興味の段階では、慣れ親しんだ課題や困難な課題にも注意や見方を変え、自己調整的に取り組むことが可能となります（中谷, 2024）。

　それでは、興味の発達のためにはどのように生成 AI を導入すればよいのでしょうか。例えば、状況的興味の喚起では、生成 AI を使用して、授業で扱う理科の現象を仮想現実（VR）や拡張現実（AR）の体験に変換します。具体的には、火山の噴火や化学反応のプロセスを VR で体験させることで、学習者が目の前で起こる現象に興味を持ちやすくなると考えられます。また、持続的な状況的興味の促進では、生成 AI を活用したカスタマイズ可能な学習アシスタントを導入します。このアシスタントが生徒の反応や興味のレベルをリアルタイムで分析し、それに基づいて教材の内容や提供する情報の量を調整します。例えば、学習者が特定の実験に強い興味を示した場合、生成 AI が関連する追加資料やシミュレーションを提供することで、その興味を維持することができます。続いて、個人的興味への移行では、生成 AI を利用して生徒の学習履歴を分析し、個々の生徒がどのトピックに深い興味を持っているかを特定します。このように、学習者自身が学びたい分野を深掘りできるように支援し、長期的な興味の発展を促します。これらの例を通じて、生成 AI は生徒の興味を喚起し、その興味を維持・発展させるための強力なツールとして機能することが期待されます。

2 エンゲージメント：学びに没頭する

　学びへの積極的な取り組みに着目した研究として、比較的新しい枠組みである**エンゲージメント**を紹介します。エンゲージメント（engagement）とは「積極的な関与、取り組み、関与」と定義されます。この理論は、学習（学び）に積極的に取り組むという視点を踏まえているので、動機づけの目標という要素にも推進力という要素にも言及しています。学習者の多面的なエンゲージメントの実現には、学校や教師、友人などの環境が影響している

表1：櫻井（2024）を参考に作成

下位側面	内容の例
認知的エンゲージメント	目標の設定、自己調整、自己評価
感情的エンゲージメント	興味・関心、楽しさ
行動的エンゲージメント	粘り強さ
社会的エンゲージメント	協力・助け合い

（例えば、Skinner et al., 2009）と考えられており、エンゲージメントは課題や学習活動、教師や友達といった他者といった環境条件が整うことで生じ、質の高い学びを実現することができます。近年では、表1に示すように、認知的、感情的、行動的といった3つの下位側面の他に、櫻井（2024）は社会的側面も加え、4領域として研究が進められています。学びのエンゲージメントが高い学生は、学習活動により積極的に関与し、その結果として**自律的に学ぶ**ことができるようになります。

学習者が理科の植物を観察する場面において、エンゲージメント状態にある場合、学習者は植物の観察を始めるとすぐに興味を持って観察し、長時間にわたって熱心に植物の成長や変化を観察し続けることが期待されます（行動的側面）。また、自然の美しさを感じながら観察を楽しむ（感情的側面）とともに、植物の特徴に注意を向けて観察データを集めたり、成長過程を分析することに集中したり、細部まで丁寧に理解しようとする（認知的側面）といった状態が見られるでしょう。例えば、エンゲージメントの認知的側面をさらに促すために生成AIを活用する場合、植物の写真を撮影し、生成AIがそれを識別して、その植物の詳細な情報を提供する学習活動（図1）や、植物の成長プロセスをシミュレートし、異なる環境条件下での生育変化を予測する学習活動などが考えられます。

図1：植物の情報提供の場面（ChatGPT4o）

生成AIを使った実践

1 学習者に何を身に付けさせるのか：自律的な動機づけを身に付ける

　自律的な動機づけを身に付けた学習者を育成するためには、学習者自身が、自分に合った目標を立て、その目標に基づいて学習を進める、メタ認知・調整を経て結果を振り返る、自己評価や効力感を得るなど、いわゆる自己調整学習のサイクルを回す必要があります。

　このような学習をスタートする上で重要となるのは「目標」です。この目標はもちろん文脈によって変わってきますが、例えば、知識―過程目標の軸で考えることができます（中嶋・川崎，2021）。知識―過程目標の、知識目標とは、いわゆる本時の目標であり、学習課題やめあてのことを指します。この学習課題やめあての設定は、学習者の認知のズレを利用し、自然事象と自然事象を比較したり、自然事象と既習事項を関係付けたりすることで設定することが多いでしょう。つまり、これまでの授業では、学習課題やめあてなどの形で、授業中は黒板に知識目標が示されていたことになります。しかし、この知識目標だけでは、学習者の主体的な学びを促進しきれないので、その知識目標に到達するための「過程」において、何を頑張るのか、という目標が必要になってきます。これがいわゆる過程目標です。

　自分の状況に合った過程目標を立てるためには、まず、学習者が自分の状況を正確に知る必要があります。中嶋・川崎（2021）の実践では、学習者が自分の状況を正確に知るために、問題解決の各過程をチェックする（自己評価）シートを開発しています（図2）。そして、このチェックシートを用いて、学習者は自分の状況を把握し、

図2：チェックシート（中嶋・川崎，2021）

自分が頑張りたいことをがんばりカード（図3）に記入するという実践が行われています。図3では、図2の自己評価で得られた結果からレーダーチャートを作成し、それをもとに目標を設定します。自己評価に基づいて、目標を設定する際には、レーダーチャートの低いところをやりたい、得意を伸ばしたいなど、自分の状況に合わせた目標（過程目標）が重要です。大事なのは、知識目標に自分の過程目標をプラスして決めていくことです。さらに、学習者が自分の状況に合った目標を立てるために、生成AIを利用することも考えられます。

次に、自主学習や宿題等、学習者自身がある程度自由に目標を立てることができる学習場面を想定します。例えば、元素記号を覚える場合、教師が単に「元素記号を明日までに覚えてきましょう」と設定するのではなく、「自分で何個覚えてくるか決めましょう」と指示を出す

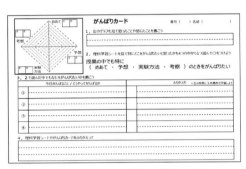

図3：がんばりカード（中嶋・川崎, 2021）

と、学習者が自分で目標を立てることができます。具体的には、学習者自身が「元素記号を20個覚えたい」という目標を立てたとします。次に、この目標に対して、どうやって到達するか、という目標を立てます。初めのうちは、目標を立てることが難しいので、生成AIを活用することも一つの方法でしょう。次ページに示すのは、生成AIに目標を立てるために、どのような方略があるか提案してもらう場面です。

また、生成AIに問題を出してもらい、確認してもらう方法もあります。このように、生成AIに形成的フィードバックを頼むこともできます。さらに、生成AIを利用することで、その学習の軌跡が残ります。これを教師がチェックしてあげることで、学びの主体は学習者ですが、生成AIとの対話を通して質を向上させることができます。

教師の役割は、学習者が自分で適切にモニタリングを行い、自分で効果的に学習を調整できるようになるにつれて変化していきます。具体的には、教

生成 AI が目標に向けた方略を提案する様子（ChatGPT4）

> 目標として「元素記号を20個覚えたい」と設定した場合、以下のステップに沿って学習を進めることをお勧めします：
>
> 1. **計画を立てる：**
>   - 学習する元素記号のリストを作成します。例えば、周期表の初めの20元素など、特定の区分で選ぶと良いでしょう。
>   - 学習期間と毎日の学習時間を決めます。例えば、2週間で20元素を覚える場合、毎日少なくとも1〜2つの新しい元素を学ぶ計画を立てます。
>
> 2. **学習方法を選ぶ：**
>   - **フラッシュカード**：元素の記号とその名前が書かれたカードを作成し、何度も繰り返し見ることで記憶に定着させます。
>   - **クイズ**：自己テスト形式でクイズを解いてみて、どれだけ覚えられているかを確認します。
>   - **視覚的な資料**：周期表のポスターやアプリを利用して、視覚的に元素の位置や特性を理解します。
>
> 3. **繰り返しと確認：**
>   - 定期的にすべての元素記号を復習します。毎日のセッションの最後に前日学んだ元素を再確認し、定期的な復習で忘れずに済みます。
>   - 学習した内容を友人や家族に説明することも有効です。教えることで理解が深まり、記憶にも残りやすくなります。
>
> 4. **モチベーションを維持する：**
>   - 小さな目標を達成するたびに自分自身を褒めたり、小さなご褒美を設定することで、モチベーションを維持します。
>   - 学習の進捗を記録し、どれだけ進んだかを視覚化することもモチベーションアップにつながります。
>
> ↓

生成 AI に問題を出してもらう場面（ChatGPT4）

> 覚えているか確認したいので、元素記号のクイズを出して
>
> いいですね！元素記号のクイズを始めましょう。次の元素の記号を答えてください：
>
> 1. 酸素
> 2. 鉄
> 3. 銅
> 4. 炭素
> 5. リチウム
>
> それぞれの元素の記号を答えてみてください。
>
> O, Fe, Cu, C, Li
>
> 素晴らしいです！すべて正解ですね。酸素は O、鉄は Fe、銅は Cu、炭素は C、リチウムは Li と、それぞれ正しく答えられました。

師が学習者に与えるフィードバックは、これまでの学習内容やメタ認知の側面に関与するものから、学習者の自己効力感を高める内容へ変化することが期待されます。

第13節 新たな課題を設定する

生成AIにできること

1 課題設定の力の重要性

　現在の理科教育では、学習者が自ら課題を設定し、主体的な探究をしていくことが求められています。課題設定は探究の最初のみならず、探究の終わりに次の探究を導く役割も果たします。AIは意思を持たず、自ら課題を設定することはできないため、AI時代において課題設定の力は人間にとって特に重要なスキルの一つです。他方で、生成AIを上手に活用することができれば課題設定を支援してもらうことができます。本節では、生成AIを活用して課題設定を促す指導法について紹介します。

2 疑問から課題へと洗練させる

　学習者が最初に持つ漠然とした疑問は、そのままでは科学的に探究できないものです。疑問から始まり、考えを整理する中で、科学的に探究可能な形へと洗練させていく過程が必要となります。生成AIはこのような過程の支援に役立ちます。例えば、生成AIは対話を通して生徒の考えを整理し、フィードバックを返すことで考えを洗練させることを支援できます。また、外部の情報源を参照しながら新たな知識や視点を提供することで、考えの幅を広げることを手伝ってくれます。このような生成AIとの対話を通して生徒が主体的に考えることを通して、疑問から課題へと洗練させていくだけでなく、生徒の課題設定の力を育成することが期待されます。

3 使用する生成 AI について

　本節の事例では、コニカミノルタ社が学校教育用に開発したクラウドサービス「tomoLinks（トモリンクス）」の一機能である生成 AI 活用支援機能を使用しています。tomoLinks は生徒が安全に利用できるように設計されており、年齢制限もありません。教師は生徒の生成 AI 利用状況を簡単に確認でき、生徒の学習の過程を見守り、使い方の指導や思考の過程を評価することができます。教師は授業ごとに事前にプロンプトを登録し、生成 AI の回答パターンを設定することができるので、生徒が複雑なプロンプトを入力する必要なく授業の方針に沿った形で生成 AI とのやりとりを行うことができます。

　この機能により、例えば生徒の質問に対して直接答えを返すのではなく、生成 AI との対話や質問を通じて、生徒自身の考えを深めたり答えを導く手助けができるような使い方ができます。このような tomoLinks を使用した課題設定の指導事例を以下に紹介します。

生成 AI を使った実践

1 実践①：対話を通して因果関係に気付く

　中学校第 3 学年「浮力」では、水中の物体に働く力を 4 時間かけて学習していきますが、ここでは 1 時間目の様子を紹介します。まず、5 つの野菜が水に浮くかどうかを生徒が予想し、演示実験によって結果を示します。これらは、水に入れても重力の大きさが変化しないことを確認し、重力とは反対向きの力が働いていることに気付き、「浮力」について着目するように促します。浮力の大きさが何に関係しているのか要因を考え、因果関係を明らかにした課題を設定することが本時のねらいです。生徒は、演示実験から水に浮くものとそうでないものを観察し、様々な要因を見いだします。大きくても浮き、小さくても沈むものがあること、1 年生で学習した密度等、これらの関係性から様々な疑問を抱きます。続いて生成 AI と対話することで、自

分は何を明らかにしたいのか整理します。また、自分が設定した課題が科学的に探究可能であるかどうかを吟味していきます。

例として、ある生徒Nと生成AIの対話の例を紹介します。この生徒は、生成AIから物体が浮かぶかどうかに関わる要因を問われ、対話を通して自分の考えを整理し、要因が密度と深さであると考えました。さらに生成AIから因果関係を明らかにするようにアドバイスをもらい、具体的な課題を設定することができました。

浮力に関わる要因を整理していく様子（tomoLinks）

生徒N：	浮力に関わる要因をもとに課題をたてようと思います。
生成AI：	素晴らしいですね！浮力の要因に関する質問ですね。では、まず考えてみてください。物体が浮かぶかどうかは、どのような要因によって決まると思いますか？
生徒N：	密度や深さが関係していると思います。
生成AI：	素晴らしい考えです！密度や深さは、浮力の要因と関係していそうですね。密度が浮力にどのように影響するか考えてみてください。また、深さが浮力にどのように関わるかも考えてみてください。
生徒N：	浮力は体積が大きくなるほど大きくなるのか、調べよう。浮力は水深が深くなるほど大きくなるのか、調べよう。

2 実践②：対話を通して課題をより具体化していく

中学校第3学年「生命の連続性」の単元では、遺伝の規則性について4時間かけて学習していきますが、ここでは1時間目の様子を紹介します。1時間目の最初に「すべて黄色のトウモロコシ（純系）とすべて白色のトウモロコシ（純系）を他家受粉させると、子はすべて黄色のトウモロコシになり、この子を自家受粉させると孫は黄色と白色の2色が混在するトウモロコシ（バイカラー）になる」という事象について紹介し、生徒は疑問をもとに課題を設定します。トウモロコシの色の遺伝から何を明らかにしたいのか、生成AIとの対話を通して整理し、自分が設定した課題が科学的な探究を可能にするのかどうかを吟味していきます。続く2時間目では確かめる方法（実習やイオンのモデル）を立案し、3時間目で実際に活動して確かめ、4時間目でレポートにまとめます。

事前に生成AIに与えたプロンプトは表1の通りです。ここでは、生徒が

表1：生成AIへのプロンプト

> あなたは中学校の理科の先生です。
> 生徒は中学3年生の理科において、単元「生命の連続性」の中の遺伝の規則性について学んでいきます。今回の授業で生徒は遺伝の規則性について初めて学習します。
> トウモロコシの遺伝現象から、気づきや疑問をもとに【課題】を立てようとしています。
> 生徒が立てた【課題】が具体的なものとなっているか、アドバイスをしてください。ただし、具体的な【課題】の内容は提案せず、具体的な【課題】にするためのヒントをアドバイスしてください。
>
> 具体的な【課題】のポイント
> ①自然現象を比べて、何を明らかにしたいのか明確にしている。
> ②学習したことと関連づけて、解決方法を示している。
> ③中学校3年生の理科の遺伝の学習で解決できる内容である。
>
> アドバイスの例
> ・【課題】が抽象的な場合は「何を明らかにしたいのか明確に示しましょう。」とアドバイスをする。
> ・解決方法の1つとして、「前回の授業で有性生殖を染色体のモデルを使って考えた」ことを伝え、「遺伝子でもモデルを使って考えられるのでは？」とアドバイスをする。

入力した課題について、明らかにしたいことは何かが明確になっているかを評価し、アドバイスを返すよう指示しています。評価の観点としては、①明らかにしたいことの明確さ、②既習事項との関連、③解決可能性の3点を設定し、この観点からアドバイスを行うよう設定しています。また、アドバイスの例を示すことで、生成AIのアドバイスの質を高めています。生徒は生成AIと対話しながら、アドバイスを参考に課題をより具体化していきます。

例として、ある生徒Nと生成AIの対話の例を紹介します。この生徒の考えた最初の課題は形質の引き継がれ方に関する漠然とした疑問でしたが、生成AIから具体的な事象に絞るべきだというアドバイスを受けています。それを受けて生徒は遺伝子に着目し、「親の遺伝子が子ではなく孫に受け継がれるのはなぜか」と課題を具体化しています。また、生成AIはその課題を受けて、解決方法としてモデルを使って考えることを提案しています。このような具体化は、課題を解決するための検証計画を考えることにもつながっていきます。

具体的な事象に絞り込んでいく様子（tomoLinks）

生徒 N	親から子、孫への形質の引き継がれ方はどうなっているのか。
生成 AI	【課題】が少し抽象的なので、もう少し具体的に「何を明らかにしたいのか」を考えてみましょう。例えば、トウモロコシの特定の特徴（色、子や孫）が引き継がれる様子など、具体的な事象に絞ると良いでしょう。 また、この【課題】の解決方法について考えてみましょう。具体的には、遺伝のルールについて学習することで、どのように親から子、孫への形質の引き継がれ方が理解できるかを示すと良いでしょう。 さらに、【課題】が中学校3年生の理科の遺伝の学習で解決できる内容であるか確認しましょう。もし難しいと感じたら、もう少し簡単な事象や遺伝の規則性に焦点を当ててみると良いでしょう。
生徒 N	親の遺伝子が子ではなく孫に受け継がれるのはなぜか
生成 AI	【課題】が具体的になってきましたね。それでは、「親の遺伝子が子ではなく孫に受け継がれるのはなぜか」 この【課題】を解決するためには、遺伝の規則性について理解することが必要です。遺伝の規則性を理解するためには、モデルを使って考えるという方法があります。例えば、前回の授業で有性生殖を染色体のモデルを使って考えたように、遺伝子でもモデルを使って考えられるのではないでしょうか。

　以上の2つの実践事例に共通する重要な点は、生成 AI が生徒の代わりに課題を考えるのではなく、生徒が考えることを促している点にあります。生成 AI はあくまでもツールであり、人間がどのように使いこなすかが重要です。本事例では、**生成 AI との対話を通して生徒自身が課題を精緻化**しており、その過程でメタ認知を働かせて自身の考えを見つめ直し、自己調整を行っています。このような活動を通して、どうすれば疑問を探究可能な課題へと洗練させることができるのかを学習し、課題設定の力を高めていくと考えられます。また、生成 AI によって新しい情報や視点が示されることで、新しい課題が見つかることも期待できます。このような新しい課題は更なる探究をもたらし、生徒のより深い学びを生み出すことができるでしょう。

生成AI時代の理科教育 ── 未来への展望

第4章

第1節 生成AIの発展と理科教育への影響

■1 生成AIの発展

　2024年5月にOpenAIはChatGPTの新しいモデル「GPT-4o」を発表しました。GPT-4oの特徴として、より自然な言語生成、高度な対話能力、マルチモーダル対応（テキスト、画像、音声などを統合的に処理）を挙げることができます。実際、デモンストレーションでは、GPT-4oが自然な音声でユーザーとほぼリアルタイムで会話をしていました。さらに、スマートフォンのカメラに映った数学の問題をリアルタイムで読み取り、その内容を音声で解説していました。その様子はまさに「AI家庭教師」でした。デモンストレーションなので多少「盛って」いるとは思いますが、近い将来起こりうる現実を突きつけられたようでした。筆者はGPT-4oのデモンストレーションを最新の技術のように書いていますが、きっとこの本が出版されたときには新しい生成AIのモデルが次々と公開されていることでしょう。生成AIの技術はそのくらい凄まじい勢いで発展し続けています。

■2 理科教育への影響

(1) 生成AI時代における理科教育の目的とは何か

　生成AIの技術的課題の一つとして挙げられているのが、事実に基づかない情報や存在しない事象を生成する「ハルシネーション」です。しかし、このハルシネーションは人間も同じです。人間の認知には常にバイアスが働いていますし、自分の記憶も都合のいいように改ざんします。実際、インターネットを見ても、偏った見方や不確かな根拠で情報を発信している人はたくさんいます。さらに、今後は生成AIに文章を丸投げしてファクトチェックが十分ではないWebサイトが蔓延することも予想されます。このような生成AI時代を生き抜くために必要な力とは何でしょうか。筆者は「情報の信

頼性を見極める力」だと思っています。メディアリテラシーと言い換えてもよいでしょう。メディアリテラシーの重要性はインターネットが登場してからずっと指摘されてきましたが、フェイクニュースやディープフェイクが生成AIを用いて簡単に生成できるようになったことから、ますます重要になってくると考えています。特に理科教育では、メディアリテラシーの中でも、知ることについての考えである「認識的認知」（山口, 2022）の育成が重要になると考えています。

(2) 認識的認知を育てるために

認識的認知とは、「知識とは何か」「どのようにして主張を評価するのか」などに関する認知のことです（Sandval, 2014）。この認識的認知に関連する理科教育の実践として久保田ら（2021）があります。久保田ら（2021）は、科学的主張の信頼性を評価するためのチェックリストを開発しました。このチェックリストは「1. 情報源はどこか？」「2. 証拠（データ）は信頼できるか？」「3. 解釈は信頼できるか？」「4. 科学者集団は査読をしているのか？」「5. 研究者は信頼できるか？」「6. ゲートキーパーの有無」「7. メディアの誇張はないか」「8. あなたに思い込みや情報の偏りはないか？」の8つの大項目とそれに対応する小項目から構成されています。このようなチェックリストの意味について考えたり、実際にチェックリストを活用してみたりすることで、科学の認識的認知を育てることができるかもしれません。

また、理科では、観察・実験を用いて仮説を検証するプロセスを学びますが、その検証のプロセスは「主張を正当化するプロセス」と言い換えることもできます。すなわち、理科の授業では「自分の主張の正当性を自然科学の方法を用いて担保する方法」を学んでいます。以上述べてきたように、生成AI時代において理科教育が担うべき役割とは、主張はどのように評価されるのか、主張はいかに正当化されるのかといった認識的認知を理科の文脈の中で教えていくことだと考えています。

第2節 教師の専門性開発

1 テクノロジーを用いた教師の専門的知識（TPACK）

　これまで教師の専門的知識はリー・ショーマンが提唱した PCK（Pedagogical Content Knowledge）と呼ばれる枠組みで語られることが多かったのですが（第1章第1節参照）、近年では PCK にテクノロジーの知識を組み込んだ TPACK（Technology Pedagogy And Content Knowledge）（Koehler & Mishra, 2009）と呼ばれる枠組みでも語られるようになってきました。TPACK とは、「教育内容の知識」と「教育方法の知識」と「テクノロジーの知識」が不可分に結び付いた授業の構想力の源泉となる知識のことです（若松, 2021, 図1）。すなわち、授業は、教育内容の知識や教育方法の知識だけでなく、テクノロジーの知識も適用して構想するものであるという考え方が現れてきたということです。理科教育においても、これまでにも ICT を活用した理科授業が数多く提案されてきました。第3章では生成 AI を取り入れた理科授業が提案されていますが、これらの理科授業はまさに教育内容、教育方法、テクノロジーの知識が融合して構想された理科授業だといえます。

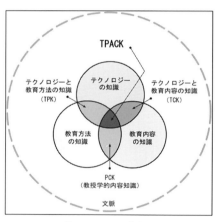

図1：TPACK の枠組み
出典：Koehler & Mishra（2009）
翻訳・引用：若松（2021）

2 教育内容、教育方法、テクノロジーの知識を融合するために必要な知識とは何か

　上記3つの知識を融合していくためにはどのような専門性開発が求められ

るでしょうか。例えば、「理科授業における生成 AI 活用法 10 選！」や「生成 AI で理科授業はこう変わる！」などの記事を読むだけで専門性は高まるのでしょうか。筆者はそう考えていません。もちろん、テクノロジーの活用例は授業に取り入れやすいのでその有用性を否定しませんが、それよりも大前提として教師一人一人が忘れてはならないのは、教育というのは目的論的営みであるということです（ビースタ，2024）。つまり、教育は目的抜きに語ることはできないし、何がよい教育なのかを我々自身が判断していかなければならないのです。つまり、教育内容、教育方法、テクノロジーの知識を融合するためには、そもそも教育目的に関する知識が必要不可欠であると考えています。

3 生成 AI 時代の理科教師の専門性開発

　生成 AI を用いたサービスによって、自分の目的意識に合った学術論文、教材、指導案の検索などは簡単にできるようになってきました。とても便利な生成 AI ですが、これから先もずっとできないことがあります。それは価値判断です。「何が善か」の判断は生成 AI にはできません。生成 AI はあくまでもっともらしい文字列を出力しているに過ぎません。何が善なのか、何が悪なのかといった判断は人間にしかできないのです。

　繰り返しになりますが、理科教育の価値や目的については私たち一人一人がこれからも考えていかなければならないということです。理科教育の価値は「教養的価値」「実用的価値」「人材育成的価値」「民主的価値」の４つに大別することができます（小川，2020）。生成 AI 時代には、どのような価値に重みが付けられるでしょうか。またそれはどのように正当化できるのでしょうか。そもそもこの分類に当てはまらない価値もあるのではないでしょうか。目の前の子供に対してどのような価値を示すことができるでしょうか。これらの問いに対する回答を教師一人一人が持ち寄り、対話し、議論を積み重ねていく中で、教育内容、教育方法、テクノロジーの知識が融合され、新しい理科の授業が創造されていくと考えています。

第3節 AIリテラシーの育成

1 AIを使いこなす資質・能力「AIリテラシー」

　文部科学省（2023）は、生成AIの利用に関するガイドラインにおいて、AIリテラシーを情報活用能力の一部に位置付け、育成を目指すことを示しています。本書では、ここまで生成AIの活用について考えてきましたが、AIリテラシーをどのように捉えればよいのでしょうか。このことについて、Touretzkyら（2019）は、K-12（幼稚園から高等学校年代）において学ぶべき五大概念（図1）と、それに基づく各年代の到達水準を示しました。

　この研究成果をもとに、国内外で幅広い年代を対象にAIリテラシーを育成する実践研究が進められています。国外では、幼稚園児を対象とした研究も存在しています。上述した文部科学省のガイドラインにおける整理のように、AIリテラシーは汎用的に働かせる一資質・能力と考えることができる

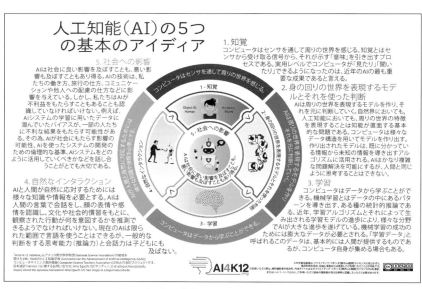

図1：人工知能（AI）の5つの基本のアイディア
https://ai4k12.org/wp-content/uploads/2021/01/AI4K12_Five_Big_Ideas_Poster_Japanese.pdf

ことから、理科教育においても AI リテラシーの育成を見据えた学習が求められます。

2 AI の仕組みに着目した AI リテラシー教育

国内では、これまでに中学校技術・家庭科技術分野（以下、技術科）を中心に AI の仕組みの理解に着目した研究・実践が積み重ねられてきています。小八重ら（2023）は、どのような概念を得ることが AI を理解したことになるか、知識のつながりや概念の構造を整理した「中学生向け AI 概念図」（図 2）を開発し、それをもとに、画像認識技術を活用した顔認証セキュリティシステムを取り上げた題材を開発しています。

この題材を使った学習では、認証の「正確さ」と「柔軟さ」、システムの動作の「素早さ」を最適化することを目指して、生徒が試行錯誤します。そこでは、1人1台端末を用いて、実際に顔写真を撮影して学習用データセットを作成したり、学習の仕方を定めるパラメータを調整して機械学習をさせたりしています（図3）。授業実践を通して、生徒が AI に関する知識を身に付け、理解を深めることができることが確認されています。この AI の仕組みの理解により、図1に示す五大概念の獲得が促されることが見込まれます。

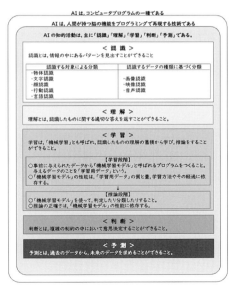

図 2：中学生向け AI 概念図
copyright(c) 2023 IEICE.

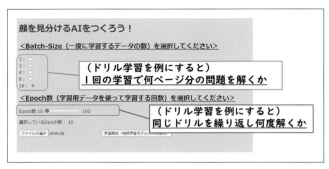

図3：顔認証セキュリティシステム教材のパラメータ設定画面

3 Society5.0 を生きる子供たちは AI ネイティブ世代

　Society5.0 を生きる子供たちは、AI が当たり前に身近にあり、AI を使いこなして生活する AI ネイティブ世代です。この AI ネイティブ世代には、様々な場面で効果的に AI を活用することが求められますが、AI はあくまでも技術（Technology）によって作られたツールの一つです（序章参照）。のこぎり刃が材料を切削する仕組みを理解していると、切断しやすくなるように、本項で紹介した AI の仕組みの理解が生成 AI を活用した理科教育実践の下支えとなり、効果的に AI リテラシーが育まれることを期待しています。

第4節 生成AI時代における理科教育のあり方

　これまでの各章でも述べられてきたように、生成AIの登場によって理科の学びがより充実することは疑いようがないと思います。しかしながら、その一方で、生成AIは高次の認知能力が求められる回答には未だ課題が見られたり、その出力結果が一般化されたものであるため具体性に欠けたりすることなどが指摘されています（e.g., Wang, 2023）。加えて、第1章第2節でも述べられたように、なぜそのような結果となったのかについて説明することができず、解釈可能性に問題が残ることから、生成AIの登場は、決して人の思考を生成AIに「丸投げ」する世界が訪れたことを意味するものではないことは明らかであるといえます。

　では、このような時代において、これからの理科教育では何が求められるのでしょうか。本節では、生成AI時代に新たに求められる学びとして「生成AIとの協働的な学び」、生成AI時代だからこそ改めてその価値が問われている学びとして「科学の本質を重視した学び」「自身の知を見つめ直す学び」の3つの学びを提案したいと思います。

1 生成AIとの協働的な学び

　本書の第3章で多くの事例を紹介したように、生成AIの活用によって、子供の学びの質を高めることが様々な側面から可能となります。このような学びの登場は、教育の進化において重要な意味を持つでしょう。現在、各種ICTがそうであるように、生成AIが普段の授業の中に当たり前のように埋め込まれることはそう遠い未来の話ではありません。そうなると、多くの知識をただ「知っている」だけの状態にそれほどの価値はなくなり、より創造的で文脈依存的な状況に知識を応用し、問題を解決したり、新たな知を創り出したりできることにますます教育の目標の重点が置かれることになります。

このようなとき、生成AIは教師が行う支援の補助としての役割だけでなく、生成AIは自身の思考のどの部分をサポートできるか、どのように活用すればよいかを子供自身が理解していくことも重要な教育目標となります。そして、このような教育目標を達成するために、子供が生成AIの限界や偏りを理解したり、その出力結果を批判的に評価・解釈したり、実際に多くの場面で活用したりすることを通して、**生成AIとの協働的な学び方を身に付ける学び**が必要となってくると考えられます。

2 科学の本質を重視した学び

　次に、生成AI時代だからこそ、理科教育においてこれまで大事にされてきた学びについても、改めてその価値を考えてみます。理科は、自然科学（以降、科学と略記）が基底となった教科であることから、理科の学びは、科学の本質に基づく学びが重視されてきたといえます（川崎，2020）。科学の本質には様々な側面が挙げられますが、ここでは、科学的な知識はどのように形成されるかといった形式的な側面に着目する場合と、自然の事物・現象に触れることを通してどのように知識を形成していくかといった認識的な側面に着目することにします。これらの側面について、科学と生成AIを比較すると、次のような違いが挙げられます。

(1) 形式的な側面から

　前者の形式的な側面については、科学的な知識の形成の過程はしばしば論証（アーギュメント）といわれ、図1に示すように、証拠（データ）や理由付け（論拠）などに基づいて主張（知識）が正当化されるという構造を持っています。一方、生成AIでは、序章で述べられているように、書籍、論文、Webサイトなどから得られる膨大な情報に基づき大規模言語モデルを用いて確率的に出力を

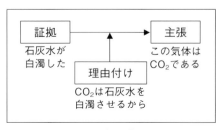

図1：論証の構造

生成しています。言い換えるならば、科学の形式では、論証といった知識の形成の手続きが明確であるために、その知識を受け入れるかどうか、その信頼性はどの程度のものかといったことを専門家同士で検討し合ったり、場合によっては自分自身で検討したりすることが可能です。一方、生成AIの形式では、その出力結果を受け入れるかどうかについて、明確な判断基準がありません。このような知識の形成の構造やプロセスが異なることを理解することは、科学的な知識や生成AIで出力された内容をどのように受け入れ、どのように活用していくかに重要な指針を与えてくれます。このため、生成AI時代だからこそ、理科ではますます**科学的な知識がどのように形成されるかについて子供たちが理解し、また自分自身で科学的に知識を形成したり、活用したりする学び**が求められると考えられます。

(2) 認識的な側面から

次に、後者の認識的な側面にも着目してみます。これは、言い換えれば、自然の事物・現象を見たり、触れたりしながら実物を通して知識が形成されることと、生成AIの出力結果やデジタル情報から知識を獲得していくことにはどのような違いがあるかに関わる側面になります。科学において、事物・現象を意味付け、理解し、知識を形成するためには、人の思考と実物との相互作用が重要であることが分かっています。これは、人が知識を形成するとき、その時々の状況や文脈に加え、その時点で持っている経験や知識に基づき行われることなどが理由として挙げられるためです（Tang & Cooper, 2024）。一方、生成AIの出力結果などから知識を獲得するとき、そこに実物は介在していません。つまり、実物を通して知識を形成するプロセスと、生成AIの出力結果などから知識を獲得するプロセスは全く異なるものであるといえます（図2）。このため、生成AIによって知識を獲得できるからといって、学習の情報源のすべてを生成AIに頼ってしまっては、自然の事物・現象から直接的に知識を形成する力が十

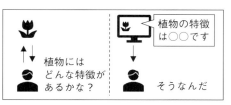

図2：知識の形成の違い

分に育成されなくなる恐れがあります。このため、これまでの理科教育がそうであったように、**実物を通して自然の事物・現象を理解し、知識を形成する学び**がこれからも求められ続けると考えられます。

3 自身の知を見つめ直す学び

　生成AIの登場により、人々はますます多くの情報にアクセスできるようになったといえます。しかしながら、私たちはこれらのすべての情報を批判的に吟味し、その内容を完璧に理解することは現実的に考えて不可能であるといえるでしょう。このため、このような時代をよりよく生きるためには、自分が持っている知識は完璧ではないことや、人の思考には限界があることについて理解し、自身の知識や考えを常に見直したり、よりよい考えを求め続けようとしたりする態度である**知的謙虚さ**が重要になってくると考えられています（Osborne, 2023）。この知的謙虚さの育成は、自身の考えが誤っているかもしれないことを常に疑いながら継続的に探究を行っていく理科の学びが有効であるとされており（川崎ら，2024）、答えが分かったら終わり、知識を覚えたら終わりといった学びとは正反対の学びが重要となってくるといえます。つまり、これからの理科教育では、仮説を考えたり考察を行ったりするときに、自分の考えに誤りはないか、他者の考えの方が妥当なのではないか、一度の実験で結論を出してよいのかと、**自身の考えを見つめ直し、よりよい考えを求め続けるような学び**がより求められると考えられます。

　ここまで生成AI時代における理科教育のあり方として3つの学びを提案してきましたが、正直なところ、私はまだその明確な答えを持ち合わせているわけではありません。これは、生成AIによって訪れる未来が複雑で予測が困難であるためです。このため、これまで私が述べてきたことは、これからの理科教育で求められるものの「正解」として捉えるのではなく、読者のみなさんがこれからの理科教育を考える際の一つのきっかけとして受け止めていただければと思います。

おわりに

　本書において私たちは生成 AI の登場が理科教育にもたらす新たな可能性と、それに伴う課題について幅広く考察してきました。生成 AI は、教育の現場において単なるツール以上の役割を果たし、教師と学習者の両方にとって有益なパートナーとなり得る存在です。生成 AI が持つ膨大な知識と高い推論能力は、教師の指導を補完し、学習者の探究を促進する強力な支援ツールになります。

　しかしながら、生成 AI の利用には慎重さも求められます。生成 AI は誤った情報を提示するリスクがあるため、使用者はその出力を批判的に検討し、判断を行う責任があります。また、教師の指導と学習者の学習を生成 AI が完全に代替してくれるわけではありません。これらは依然として人間が担うべき重要な役割です。

　理科教育の本質は、学習者が主体的に自然事象に関わり、科学の方法を通して探究する中で、様々な資質・能力を身に付けることにあります。この構造は、生成 AI の登場後も大きく変わることはありません。むしろ、生成 AI はその目標を達成するための新たな手段となります。生成 AI を活用することで、学習者はより多くの情報にアクセスし、自らの考えを深め、資質・能力を向上させる機会を得ることができます。本書ではその豊富な実践事例を紹介しました。

　他方で、生成 AI 時代における教育は、人間ならではの学びの価値を再確認する機会でもあります。五感を通じた直接的な経験や、他者との対話を通じた学びは、生成 AI には代替できない貴重な教育体験です。これらの体験を大切にしつつ、生成 AI を効果的に活用することで、理科教育の質を一層向上させることが可能となります。

　生成 AI の社会的な広まりは、学校関係者、保護者、政策立案者、そして学習者の全員が協力し、新しい教育のあり方を模索することを求めています。学校で生成 AI を使用しなかったとしても、家庭で子供たちが生成 AI を当たり前のように使用する時代がやってきます。私たちは、生成 AI が教育に及ぼす影響を正しく理解し、その利点を最大限に活用しつつ、潜在的な

リスクを管理するためのルールを設定しなければなりません。そして、生成AIを活用した新しい理科教育のあり方を検討していく必要があるでしょう。本書が、その一助となることを願ってやみません。

　生成AIを正しく理解し、効果的に活用することで、私たちは理科教育の質を向上させ、次世代の学習者によりよい教育環境を提供することができると信じています。

2024年7月　**中村 大輝**

付　録

参考・引用文献リスト

■序章
- Kaplan, J., McCandlish, S., Henighan, T., Brown, T. B., Chess, B., Child, R., ... & Amodei, D. (2020). Scaling laws for neural language models. arXiv preprint arXiv:2001.08361.
- 文部科学省（2024）初等中等教育段階における生成AIの利活用に関するガイドライン（Ver.2.0）. https://www.mext.go.jp/a_menu/other/mext_02412.html

■第1章
- Babalola, V. T., Ahmad, S. S., & Tafida, H. S. (2024). ChatGPT in Organic Chemistry Classrooms: Analyzing the Impacts of Social Environment on Students' Interest, Critical Thinking and Academic Achievement. *International Journal of Education and Teaching Zone*, 3(1), 60-72.
- Bitzenbauer, P. (2023). ChatGPT in physics education: A pilot study on easy-to-implement activities. *Contemporary Educational Technology*, 15(3), ep430.
- Blackie, M., & Luckett, K. (2024). Embodiment Matters in Knowledge Building. *Science & Education*, 1-14.
- Branson, R. K. (1990). Issues in the design of schooling: Changing the paradigm. *Educational technology*, 30(4), 7-10.
- Guo, Y., & Lee, D. (2023). Leveraging chatgpt for enhancing critical thinking skills. *Journal of Chemical Education*, 100(12), 4876-4883.
- Kieser, F., Wulff, P., Kuhn, J., & Küchemann, S. (2023). Educational data augmentation in physics education research using ChatGPT. *Physical Review Physics Education Research*, 19(2), 020150.
- Kipp, A., Hawk, N., & Perez, G. (2024). Generating Opportunities: Strategies to Elevate Science and Engineering Practices Using ChatGPT. *The Science Teacher*, 91(2), 43-47.
- Liang, J., Wang, L., Luo, J., Yan, Y., & Fan, C. (2023). The relationship between student interaction with generative artificial intelligence and learning achievement: serial mediating roles of self-efficacy and cognitive engagement. *Frontiers in Psychology*, 14, 1285392.
- Mogavi, R. H., Deng, C., Kim, J. J., Zhou, P., Kwon, Y. D., Metwally, A. H. S., ... & Hui, P. (2024). ChatGPT in education: A blessing or a curse? A qualitative study exploring early adopters' utilization and perceptions. *Computers in Human Behavior: Artificial Humans*, 2(1), 100027.
- 文部科学省（2023）「初等中等教育段階における生成AIの利用に関する暫定的なガイドライン」https://www.mext.go.jp/a_menu/other/mext_02412.html
- Ng, D. T. K., Tan, C. W., & Leung, J. K. L. (2024). Empowering student self‐regulated learning and science education through ChatGPT: A pioneering pilot study. *British Journal of Educational Technology*, 55(4), 1328-1353.
- 日本財団（2024）「18歳意識調査「第57回 – 生成AI-」報告書」https://www.nip

- pon-foundation.or.jp/app/uploads/2023/08/new_pr_20230901_01.pdf
- OECD（2023）. "Putting AI to the test: How does the performance of GPT and 15-year-old students in PISA compare?", OECD Education Spotlights, No. 6, OECD Publishing, Paris, https://doi.org/10.1787/2c297e0b-en.
- Sabzalieva, E., & Valentini, A.（2023）. *ChatGPT and artificial intelligence in higher education: quick start guide*.
- Shulman, L. S.（1986）. Those who understand: Knowledge growth in teaching. *Educational researcher*, *15*(2), 4-14.
- Tang, K. S., & Cooper, G.（2024）. The Role of Materiality in an Era of Generative Artificial Intelligence. *Science & Education*, 1-16.
- 右近修治（2016）「誤概念診断ツールとしてのFCI.」『東京都市大学共通教育部紀要』9, 67-78.
- Vasylenko, A., Gamon, J., Duff, B. B., Gusev, V. V., Daniels, L. M., Zanella, M., ... & Rosseinsky, M. J.（2021）. Element selection for crystalline inorganic solid discovery guided by unsupervised machine learning of experimentally explored chemistry. *Nature communications*, *12*(1), 5561.
- West, C. G.（2023）. Advances in apparent conceptual physics reasoning in GPT-4. arXiv e-prints, arXiv:2303.17012.

■第2章
- 文部科学省（2023）「初等中等教育段階における生成AIの利用に関する暫定的なガイドライン」https://www.mext.go.jp/a_menu/other/mext_02412.html

■第3章
- 愛知教育大学附属名古屋中学校（2024）「科学的な知識体系へのコミットメントを形成する理科授業」『愛知教育大学附属名古屋中学校教育実践研究紀要』第57集，77-97.
- Christenson, S. L., Reschly, A. L., & Wylie, C.（Eds.）.（2012）. *Handbook of research on student engagement*. New York: Springer.
- Earl, L. M.（2013）. *Assessment as learning: Using classroom assessment to maximize student learning*（2nd ed.）. Corwin Press.
- 鹿毛雅治.（2013）『学習意欲の理論 動機づけの教育心理学』金子書房
- Krapp, A.（2002）. An Educational-psychological Theory of Interest and Its Relation to SDT, in E. L. Deci & R. M. Ryan（eds.）, *Handbook of Self-Determination Research*, University of Rochester Press.
- 楠見孝（2018）「理科における批判的思考力の育成；認知心理学の観点から」『理科の教育』67（794），5-9.
- McNeill, K. L. & Krajcik, J.（2011）. *Supporting grade 5-8 students in constructing explanation in science*. Boston, MA: Pearson.
- 道田泰司（2015）「近代知としての批判的思考」楠見孝・道田泰司編『批判的思考 21世紀を生きぬくリテラシーの基盤』新曜社，2-7.
- 文部科学省（2018）『小学校学習指導要領（平成29年告示）解説 理科編』東洋館出版社.
- 文部科学省（2023）「初等中等教育段階における生成AIの利用に関する暫定的なガイドライン」https://www.mext.go.jp/a_menu/other/mext_02412.html
- 森川大地・石飛幹晴・中村大輝（2022）「問題事象から変数を見いだす力の評価方法

- の開発」『理科教育学研究』63(1), 61-69.
- 森川大地・中村大輝（2024）「問いの設定場面における『変数を見いだす力』の育成方法の開発」『理科教育学研究』64(3), 329-339.
- 中村大輝・松浦拓也（2018）「仮説設定における思考過程とその合理性に関する基礎的研究」『理科教育学研究』58(3), 279-292.
- 中嶋亮太・川崎弘作（2021）「小学校理科授業における『知識―過程』の視点から行う複数の目標設定は児童の自律的な学びを促進するか」『日本教科教育学会誌』44(13), 1-13.
- 中谷素之（2024）「第6章学ぶ意欲をどう高めるか」中谷素之・平石賢二・高井次郎編『学び・育ち・支えの心理学 これからの教育と社会のために』名古屋大学出版社, 96-97.
- 中山貴司・木下博義（2022）「小学校理科における教師主体の「導入アプローチ」による批判的思考力の育成」『理科教育学研究』63(1), 139-150.
- 中山貴司・木下博義・山中真悟（2017）「小学生の批判的思考を育成する理科学習指導法の開発―トゥールミン・モデルの導入と多様な質問経験を通して―」『理科教育学研究』57(3), 245-259.
- 奈良大（2023）「理科における「主体的に学習に取り組む態度」の評価の提案―「FUCHU！知恵袋」による「個別最適な学び」「協働的な学び」を通して―」『理科の教育』東洋館出版社, Vol.72, No.850, 36-38.
- Ramesh, D., & Sanampudi, S. K. (2022). An automated essay scoring systems: a systematic literature review. *Artificial Intelligence Review*, 55(3), 2495-2527.
- 櫻井茂男（2024）『動機づけ研究の理論と応用 個を活かしながら社会とつながる』金子書房.
- 産総研：国立研究開発法人産業技術総合研究所（2020）https://www.aist.go.jp/aist_j/new_research/2020/nr20201013/nr20201013.html（retrived：2024年5月5日）
- 澁江靖弘（2005）「現職教員の継続研究の場における火成岩の観察（その1）」『学校教育学研究』17, 107-111.
- Skinner, E. A., T. A. Kindermann, J. P. Connell & J. G. Wellborn. (2009). Engagement and Disaffection as Organizational Constructs in the Dynamics of Motivational Development, in K. R. Wenzel & A. Wigfield (eds.), *Handbook of Motivation at School*, Routledge, 223-245.
- 武井一巳（2023）『10倍速で成果が出る！ChatGPTスゴ技大全』翔泳社, 208-214.
- 田村美香（2017）「児童の観察力を高める授業開発：小学校第3学年『植物の一生』におけるスケッチ指導を通して」兵庫教育大学学位論文, http://purl.org/coar/version/c_970fb48d4fbd8a85.
- 田中達也・神山真一・山本智一・山口悦司（2021）「児童におけるアーギュメント自己評価能力とアーギュメント構成能力の関係性についての予備的検討：主張－証拠－理由付けを含むアーギュメントを導入した小学校第3学年の単元「物と重さ」の事例」『理科教育学研究』62(1), 119-131.
- Tulmin, S. (1958). *The use of argument*. New York, Cambridge University Press.
- Vasylenko, A., Gamon, J., Duff, B. B., Gusev, V. V., Daniels, L. M., Zanella, M., ... & Rosseinsky, M. J. (2021). Element selection for crystalline inorganic solid discovery guided by unsupervised machine learning of experimentally explored chemistry. *Nature communications*, 12(1), 5561.

■第4章
- ガート・ビースタ著，亘理陽一・神吉宇一・川村拓也・南浦涼介訳（2024）『よい教育研究とはなにか　流行と正統への批判的考察』明石書店.
- 川崎弘作（2020）「理科とはどのような教科か」日本教科教育学会編『教科とその本質─各教科は何を目指し，どのように構成するのか─』98-103, 教育出版.
- 川崎弘作・雲財寛・中村大輝・中嶋亮太・橋本日向（2024）「小学校理科において知的謙虚さをどのように育成するか─生命領域におけるモデリングに着目して─」『科学教育研究』48(2), 72-86.
- 小八重智史・吉原和明・藤木卓・谷本優太・渡辺健次（2023）「中学校技術科を対象としたディープラーニングを用いた顔認証セキュリティシステム教材の開発と実践」一般社団法人電子情報通信学会『電気情報通信学会論文誌』Vol.J106-D, No.11, 481-491.
- Koehler, M., & Mishra, P. (2009). What is technological pedagogical content knowledge?, *Contemporary issues in technology and teacher education*, 9(1), 60-70.
- 久保田善彦・松峯笑子・舟生日出男・鈴木栄幸（2023）「科学的主張の信頼性を評価するチェックリストの開発と試行」『科学教育研究』47(4), 509-522.
- 文部科学省（2023）「初等中等教育段階における生成AIの利用に関する暫定的なガイドライン」https://www.mext.go.jp/a_menu/other/mext_02412.html
- 小川正賢（2020）「科学の教育的価値と理科の教育目的論をめぐって」『教師教育講座第15巻 中等理科教育 改訂版』35-56, 協同出版.
- Osborne, J. (2023). Science, Scientific Literacy, and Science Education. Lederman, N. G., Zeidler, D. L., & Lederman, J. S. (Eds.), *Handbook of Research on Science Education Volume III*, 785-816, New York and London: Routledge.
- Sandoval, W. (2014). Science education's need for a theory of epistemological development. *Science Education*, 98(3), 383-387.
- Tang, K. S., & Cooper, G. (2024). The Role of Materiality in an Era of Generative Artificial Intelligence. *Science & Education*, 1-16.
- Touretzky, D., Gardner-McCune, C., Martin, F., & Seehorn, D. (2019, July). Envisioning AI for K-12: What should every child know about AI?. In *Proceedings of the AAAI conference on artificial intelligence* (Vol. 33, No. 01, pp. 9795-9799).
- 若松大輔（2021）「ICTを活用した授業づくりの力量を高めるための研修のポイント─TPACK（技術と関わる教育的内容知識）の議論を手がかりに─」『E. FORUM 2020・2021年度成果報告書』127-134.
- Wang, J. T. (2023). Is the laboratory report dead? AI and ChatGPT. *Microbiology Australia*, 44(3), 144-148.
- 山口悦司（2022）「認識論的認知」日本理科教育学会編『理論と実践をつなぐ理科教育学研究の展開』136-141, 東洋館出版社.

生成 AI サービス一覧

学校教育で利用可能な生成 AI サービスを紹介します。各サービスは基本的な機能を無料で使用できますが、有料版の方が性能が高く、機能も豊富な傾向があります。なお、記載内容は 2024 年 6 月時点のものであり、将来的な変更の可能性があります。最新の利用規約の確認をした上で使用してください。

名称	提供元	特徴	年齢制限
ChatGPT	OpenAI	● 世界中で最も使用される生成 AI ● 文書や画像などのマルチモーダル処理に対応	13 歳以上で使用可能 18 歳未満は保護者同意が必要
Copilot	Microsoft	● Windows に標準搭載 ● ウェブ上での検索結果を引用しながら回答する	13 歳以上で使用可能 18 歳未満は保護者同意が必要
Gemini	Google	● Google のサービスと連携 ● 文書や画像などのマルチモーダル処理に対応	13 歳以上
Claude	Anthropic	● 処理が早く内容が端的で分かりやすい ● 倫理面の判断が強化されている	18 歳以上
リートン	リートンテクノロジーズ	● 全年齢対応 ● 最新のモデル（GPT-4o）が無料で使用可能 ● ウェブ上での検索結果を引用しながら回答できる	年齢制限なし（子供の利用時は周囲の大人が判断）

【出力内容の比較】

各サービスの出力例を紹介します。与えた指示はすべて「質量保存の法則について分かりやすく説明してください」で統一しています。

■ChatGPT の例（GPT-4o を使用）

質量保存の法則は、物質が化学変化や物理変化をしても、その全体の質量は変わらないという原則です。これは、物質がどのように変化しても、その構成要素である原子が消えたり新たに生成されたりしないためです。具体的な例を使って説明します。

例1：水の蒸発

水を加熱すると蒸発して水蒸気になりますが、水と水蒸気の質量は同じです。例えば、100gの水を加熱しても、その全てが水蒸気になれば、蒸発した水蒸気の質量も100gです。

例2：化学反応

炭素（C）と酸素（O_2）が反応して二酸化炭素（CO_2）を生成する場合を考えます。例えば、12gの炭素と32gの酸素が反応して、44gの二酸化炭素が生成されます。反応前の総質量（12g＋32g＝44g）と反応後の総質量（44g）は同じです。

原子レベルの視点

物質が化学変化を起こすとき、反応する物質の原子は新しい物質を形成するために再配置されますが、原子そのものは消えません。また、新しい原子も生まれません。そのため、反応前と反応後の全体の原子数は変わらないので、質量も変わりません。

このように、質量保存の法則は化学や物理の基本的な原則の一つであり、化学式や反応式を理解するための基礎となります。

■Copilot の例

もちろんです！質量保存の法則は、化学反応の前後において物質の総質量が変化しないという法則です。具体例を見てみましょう。

1. **炭素と酸素から二酸化炭素の生成：**　　　　　●反応式：$C+O_2 \rightarrow CO_2$
   - 反応前の質量：炭素 12g＋酸素 32g＝全体の質量 44g
   - 反応後の質量：二酸化炭素 44g
   - 全体の質量は反応前後で変わらないことがわかります［引用］。

2. **エタンと酸素から二酸化炭素と水の生成：**
   - 反応式：$2C_2H_6+7O_2 \rightarrow 4CO_2+6H_2O$
   - 反応前の質量：エタン 60g＋酸素 224g＝全体の質量 284g
   - 反応後の質量：二酸化炭素 176g＋水 108g

- 全体の質量は反応前後で変わらないことがわかります[1]。

質量保存の法則は、化学反応において物質の質量が変わらないことを示しています。発見者はラボアジエであり、1774年に発見されました［引用］。覚えておきましょう！

■Geminiの例

質量保存の法則は、一言でいうと「**物質の状態が変化しても、その総質量は変わらない**」という法則です。

もう少し詳しく説明すると、閉鎖系と呼ばれる、外部との物質の出入りがない系において化学変化や物理変化などの状態変化が起こっても
変化の前後で物質の総質量は等しいということです。
例えば、ろうそくを燃やすと、ろうそくの質量は減りますが、燃焼によって発生する二酸化炭素と水蒸気の質量を合わせると、ろうそくを燃やす前の質量と等しくなります。水と食塩を混ぜて食塩水を作っても、水と食塩の質量の合計と、食塩水の質量は等しくなります。このように、物質の形や状態が変わっても、その物質を構成する原子の数は変わらないため、質量も変化しないのです。

質量保存の法則は、中学理科で学習する重要な法則の一つです。化学反応を理解したり、化学量計算を行う上で、この法則は必須となります。

例外

質量保存の法則は、特殊相対性理論と一般相対性理論では厳密には成り立ちません。特殊相対性理論では、エネルギーと質量が等価であることが示されています。つまり、エネルギーは質量に変換することができ、その逆もまた然りです。そのため、エネルギーの出入りがある場合には、質量も変化することになります。一般相対性理論では、重力が空間の曲率として表現されます。この理論によれば、重力の影響を受ける物質は、質量が増加することになります。しかし、これらの例外は、日常生活レベルではほとんど無視できるほど小さなものです。

■Claudeの例（3.5 Sonnetを使用）

質量保存の法則は、化学反応や物理的変化において物質の総質量が変化しないという基本的な原理です。簡単に言えば、「物質は作り出されも消滅もしない」ということです。

この法則を理解するために、具体例を挙げて説明しましょう：

1. 水の状態変化：水（$H2O$）が氷から液体、そして水蒸気に変化しても、分子の数は変わりません。つまり、総質量は保存されます。
2. 燃焼反応：木が燃えると灰になりますが、木の質量と反応に使われた酸

素の質量の合計は、灰と発生した二酸化炭素、水蒸気などの質量の合計と等しくなります。

3. 料理：材料を混ぜて料理を作る際、最終的な料理の質量は使用した材料の総質量と等しくなります（水分の蒸発などを考慮しない場合）。

この法則は、私たちの日常生活から宇宙の現象まで、あらゆる物質変化に適用されます。化学や物理学の基礎となる重要な概念です。

■ リートンの例（AI 検索を使用）

はい、質量保存の法則について詳しく説明しましょう。

質量保存の法則

質量保存の法則とは、化学反応や物理的変化の前後で、物質の総質量が変化しないという法則です。つまり、反応前の物質の質量と反応後の物質の質量は等しいということです。

質量保存の法則の説明

- **化学反応前後の質量変化なし**：化学反応では、物質の組成が変化しますが、反応前後の総質量は変わりません。例えば、水素と酸素が反応して水ができる際、水素と酸素の質量の合計は水の質量と等しくなります。
- **物理変化前後の質量変化なし**：物質の状態が変化しても、その総質量は変わりません。例えば、水が液体から気体に変わっても、その質量は変わりません。
- **大きなエネルギー変化時の例外**：核反応など、大量のエネルギーが出入りする場合は、質量と energy の等価性（$E=mc^2$）により質量が変化する可能性があります。しかし、通常の化学反応ではその影響は無視できます。

質量保存の法則の発見と重要性

- 1774 年、フランスの化学者ラボアジエによって発見されました。
- この法則は化学、物理学、工学など、自然科学の基礎となる重要な概念です。
- 質量保存の法則は、物質の変化を理解し、化学反応の量的関係を説明する上で不可欠です。

関連する重要な概念

- **原子の保存**：化学反応では、原子の種類と数は変わりませんが、原子の結合が変化します。
- **エネルギー保存の法則**：物理学の基本法則の 1 つで、エネルギーは生み出されたり消滅したりすることはなく、ただ形態を変えるだけです。

以上が質量保存の法則についての詳しい説明です。この法則は自然科学の基礎をなす重要な概念ですね。ご質問ありがとうございました。何か他に質問はありますか？

生成 AI 用語集

用語	説明
人工知能 （Artificial Intelligence）	人間の知能を模倣し、学習・推論・自己改善を行う技術の総称。
自動エンコーダー （Autoencoder）	入力データを効率的に表現するためのニューラルネットワーク。データの圧縮と再構築に使用される。
バックプロパゲーション （Backpropagation）	ニューラルネットワークの学習において、誤差を逆伝播させてパラメータを調整するアルゴリズム。
生成 AI のバイアス （Bias in Generative AI）	AI モデルがトレーニングデータの偏りを学習し、不公平な出力を生成する現象。
深層学習（Deep Learning）	多層のニューラルネットワークを用いてデータを分析し、学習する機械学習の一技法。
生成 AI の倫理的課題 （Ethical Issues in Generative AI）	プライバシー侵害、偽情報の作成、著作権侵害、バイアスと公平性、説明責任などの問題。
説明可能な AI （Explainable AI, XAI）	AI の動作や予測の理由を人間が理解しやすくする技術。透明性を高め、信頼性を向上させる。
ファインチューニング （Fine-Tuning）	既存のモデルに対して特定のタスクに適応させるために追加の訓練を行うこと。
GAN（Generative Adversarial Network）	深層学習モデルの一種で、二つのネットワークが互いに競い合いながらデータを生成する。
生成 AI（Generative AI）	新しいデータやコンテンツを自動的に生成する AI 技術。
汎用人工知能（General Artificial Intelligence, GAI）	特定のタスクに依存せず、人間のように多様な知的活動をこなすことができる高度な AI。
GPT（Generative Pre-trained Transformer）	深層学習モデルの一種で、事前に大量のデータで学習され、テキスト生成に特化している。
ハルシネーション （Hallucination）	AI モデルが存在しない情報や事実に基づかない回答を生成する現象。
大規模言語モデル（Large Language Model, LLM）	大量のテキストデータで訓練された言語モデル。自然言語処理タスクで高性能を発揮する。
損失関数 （Loss Function）	モデルの予測の誤差を評価するための関数。誤差を最小化するために使用される。

用語	説明
機械学習 (Machine Learning)	データからパターンを学び、予測や判断を行うアルゴリズムの技術。
マルチモーダル (Multimodal)	複数の種類のデータ(テキスト、画像、音声など)を統合して処理する技術。
ニューラルネットワーク (Neural Network)	人間の脳の構造を模倣した計算モデル。複数の層で構成され、データを処理し、学習する。
自然言語処理 (NLP)	人間の言語を理解し、生成するための技術。
過学習 (Overfitting)	モデルが訓練データに過度に適応し、新しいデータに対する汎化能力が低下する現象。
パラメータ (Parameter)	モデルの学習において調整される変数。モデルの性能を最適化するために重要。
プロンプト (Prompt)	モデルに対して入力として与えられる指示や質問。生成AIでは生成内容を制御するために使用される。
プロンプトエンジニアリング (Prompt Engineering)	AIモデルに対するプロンプトを最適化し、望ましい出力を得るための技術。
強化学習 (Reinforcement Learning)	エージェントが環境との相互作用を通じて最適な行動を学習する機械学習の一分野。
RAG (Retrieval-Augmented Generation)	検索と生成を組み合わせたモデル。まず関連情報を検索し、それをもとに生成する。
自己注意(Self-Attention)	各要素が他のすべての要素に対する重要度を計算するメカニズム。特にトランスフォーマーモデルで使用される。
教師あり学習 (Supervised Learning)	ラベル付きデータを使用してモデルを訓練する機械学習の一手法。正解が提供される。
トークン (Token)	テキストを分割した最小単位。単語、文字、サブワードなどが含まれる。
転移学習 (Transfer Learning)	既存の学習済みモデルを新しいタスクに適応させる技術。
トランスフォーマー (Transformer)	自然言語処理において広く使われるモデル。特に言語生成タスクで高い性能を発揮する。
教師なし学習 (Unsupervised Learning)	ラベルのないデータからパターンや構造を見つける機械学習の一手法。正解は提供されない。

編著者紹介

中村 大輝　Daiki Nakamura

宮崎大学教育学部講師

1992年東京都生まれ。東京都の公立小学校教員を経て、広島大学大学院で学んだ後、2023年度より現職。2022年広島大学大学院教育学研究科博士課程後期修了。専門は科学教育、理科教育、教育心理学。特に科学的探究を通した思考力の育成、現代的な教育測定法の開発などの研究に取り組んでいる。国立教育政策研究所PISA2025年調査の問題検討委員などを務める。

■執筆者一覧

※所属は2024年8月現在。執筆順。

氏名	所属	担当
中村大輝	前掲	序章／第1章／第2章／第3章第2節
松本　拓	長崎県雲仙市立多比良小学校	コラム
森川大地	東京都西東京市立本栄小学校	第3章第1節
安部洋一郎	兵庫大学教育学部	第3章第3節
丹野　優	佐賀大学教育学部代用附属佐賀市立本庄小学校	第3章第4節
佐久間直也	筑波大学附属中学校	第3章第5節
田中達也	神戸常盤大学教育学部	第3章第6節
小林靖隆	東京都墨田区立外手小学校	第3章第7節
高橋　徹	広島大学大学院先進理工系科学研究科	第3章第8節
中山貴司	広島女学院大学人間生活学部	第3章第9節
奈良　大	愛知教育大学附属名古屋中学校	第3章第10節
弓削聖一	宮崎大学教育学部附属中学校	第3章第11節
岡部　舞	大阪教育大学教育学部	第3章第12節
山田啓司	長崎大学教育学部附属中学校	第3章第13節
雲財　寛	東海大学児童教育学部	第4章第1・2節
小八重智史	宮崎大学教育学部	第4章第3節
川崎弘作	岡山大学学術研究院教育学域	第4章第4節

生成AIで進化する理科教育
導入から実践までの完全ガイド

2024（令和6）年9月6日　初版第1刷発行
2025（令和7）年6月30日　初版第2刷発行

●編著者：中村大輝

●発行者：錦織圭之介

　　　　〒101-0054
　　　　東京都千代田区神田錦町2丁目9番1号
　　　　コンフォール安田ビル2階
　　　　〈代　表〉電話：03-6778-4343　FAX：03-5281-8091
　　　　〈営業部〉電話：03-6778-7278　FAX：03-5281-8092
　　　　〈振　替〉00180-7-96823
　　　　〈Ｕ Ｒ Ｌ〉https://www.toyokan.co.jp

●装丁・本文デザイン：小倉祐介
●印刷・製本：藤原印刷株式会社

ISBN978-4-491-05610-4
Printed in Japan

|JCOPY|
〈(社)出版者著作権管理機構 委託出版物〉
本書の無断複写は著作権法上での例外を除き禁じられています。
複写される場合は、そのつど事前に、(社)出版者著作権管理機構
（電話 03-5244-5088, FAX 03-5244-5089, e-mail: info@jcopy.or.jp）
の許諾を得てください。